CRISTIANISMO, EL DOGMA DE OCCIDENTE

CRISTIANISMO, EL DOGMA DE OCCIDENTE

Igor Zabaleta

EDIMAT Libros
www.edimat.es

ISBN: 84-9764-622-3
Depósito legal: M-19629-2005

Colección: Religiones y cultos
Título: Cristianismo, el Dogma de Occidente
Autor: Igor Zabaleta
Diseño de cubierta: El Ojo del Huracán
Impreso en: Cofás, S. A.

ÍNDICE

INTRODUCCIÓN

Hace más de dos mil años, en una remota procuración romana situada al sur de Palestina llamada Judea, un hombre, judío itinerante, llamado Jesús de Nazaret, predicó una serie de pensamientos espirituales que se convirtieron en las palabras con más poder e influencia jamás pronunciadas. Este hombre fue considerado por sus discípulos el Mesías (del hebreo *mesiah;* ungido), o el Cristo (del griego *Khristós;* ungido) que anunciaría el reino de Dios en la tierra.

Tras su muerte, sus seguidores, llamados cristianos, proclamaron su milagrosa resurrección. Sus adeptos se multiplicaron en número y, en el siglo IV, la religión que profesaban fue adoptada por el poderoso Imperio Romano.

Hoy, veinte siglos después de su fundación, el cristianismo es la religión más extendida por todo el mundo y la que cuenta con mayor número de partidarios.

Se puede definir el cristianismo como un sistema religioso fundado por Cristo, considerado en el contexto de la historia de las religiones como perteneciente al grupo de las salvadoras. Se inició como un movimiento mesiánico en el seno del judaísmo, inspirado y centrado en la persona de Jesús de Nazaret. El hecho de que su fundador fuese crucificado por los romanos y repudiado por el pueblo judío, no impidió que sus discípulos extendiesen el culto por todo el mundo anunciándola como religión revelada por Dios. Para el cristianismo sólo hay un Dios que aparece como tres personas: Padre, Hijo y Espíritu Santo (Santísima Trinidad). Este Dios otorgó a los hombres diez mandamientos a través del profeta hebreo Moisés, que son los que todo cristiano debe respetar.

El cristianismo, junto con el judaísmo y el islamismo, es una de las tres grandes religiones monoteístas, y la segunda por orden cronológico. Aún hoy, los historiadores dudan si considerarlo una derivación del judaísmo o una forma de oposición al mismo.

Del judaísmo ha conservado las Sagradas Escrituras (Antiguo Testamento), el monoteísmo y la creencia en un Mesías. Aunque lo conciben de manera distinta, para el cristianismo Jesús, el Mesías, es la encarnación de Dios mismo y el liberador de toda la humanidad, no sólo de Israel. Los judíos y los cristianos siempre han estado en desacuerdo sobre el Mesías. Estas divergencias se basan en interpretaciones diferentes de varios pasajes del Antiguo Testamento. Aparte de estos tres puntos básicos, el cristianismo también siguió varios de los modelos desarrollados por el judaísmo: los ritos celebrados en las sinagogas, adaptándolos a las iglesias; el uso de canciones y de himnos en el rezo; el incienso; el sacerdocio; disciplinas ascéticas como el ayuno y la limosna; y un calendario religioso, por el cual, los acontecimientos se conmemoran ciertos días del año.

Mucho se ha escrito y se ha dicho, se escribirá y se dirá acerca del cristianismo, unas veces a favor y otras en contra. A través de los tiempos, y desde diferentes puntos de vista, grandes historiadores, filósofos, teólogos y estudiosos, han dedicado su saber a este tema.

Este libro se propone hacer un ligero repaso, con seriedad, de la historia del cristianismo y sobre algunos de los momentos y elementos más destacados de su rama principal, que es la Iglesia Católica. Lejos de la apología a ultranza y del panfleto sistemático, no se ha tratado de hacer una defensa de la fe ni de denigrar sus errores, idealizar personajes o caricaturizarlos. Si una elemental educación nos exige respetar las convicciones de los demás, también la objetividad nos prohíbe desfigurar los hechos.

LA VIDA DE JESÚS

«E iban todos a empadronarse, cada uno en su ciudad. José subió de Galilea, de la ciudad de Nazaret, a Judea, a la ciudad de David, que se llama Belén, por ser él de la casa y de la familia de David, para empadronarse con María, su esposa, que estaba encinta. Estando allí, se cumplieron los días de su parto y dio a luz a su hijo primogénito, y le envolvió en pañales y le acostó en un pesebre, por no haber sitio para ellos en el mesón».

Así se relata en el Evangelio de San Lucas (2,3-7) el nacimiento de Jesús. Es el inicio de una historia que hoy, dos mil años después, todavía genera fuertes pasiones y promueve sesudas inquietudes. Por encima de cualquier polémica más o menos severa, no es en absoluto necesario estar encuadrado en las filas del cristianismo para aceptar que la figura de Jesucristo (*Khristós* es la voz griega que significa «Mesías» en hebreo o «Ungido» en latín), despierta un interés mayúsculo. Y, hasta cierto punto, esta consideración habrá de resultarnos un tanto curiosa puesto que nos estamos refiriendo a un personaje que vivió poco más de treinta años, que no dejó nada escrito (al menos carecemos de cartas, notas o libros redactados por él), que al parecer nunca se alejó demasiado de su tierra natal, y del que disponemos de escasos —muy escasos— detalles biográficos.

PRUEBAS DE VIDA Y EVANGELIOS

Ante la mencionada ausencia de datos, algunos investigadores han llegado a cuestionar la mera existencia de Jesús. La ciencia histórica, sin embargo, rechaza de plano cualquier tipo de duda al respecto. Prácticamente nadie discute la veracidad de un hecho que se estima irrebatible: la muerte de Jesús en la cruz. En efecto, la crucifixión se erige como la más definitiva de las pruebas cuando se trata de eliminar sospechas y escepticismos. La ejecución de Jesús, además de estar atestiguada en el Nuevo Testamento —especialmente en los cuatro evangelios—, también fue confirmada por el historiador judío Flavio Josefo entre los años 93-94 y por el escritor romano Publio Cornelio Tácito hacia los años 116-117:

Flavio Josefo: «Apareció en este tiempo Jesús, un hombre sabio. Fue autor de hechos sorprendentes; maestro de personas que reciben la verdad con placer. Muchos, tanto judíos como griegos, le siguieron. Algunos de nuestros hombres más eminentes le acusaron ante Pilato. Este lo condenó a la cruz. Sin embargo, quienes antes lo habían amado, no dejaron de quererlo. Y hasta hoy, la tribu de los cristianos, que le debe este nombre, no ha desaparecido».

Publio Cornelio Tácito: «Cristo había sido ejecutado en el reinado de Tiberio por el procurador Poncio Pilato; la execrable superstición, momentáneamente reprimida, irrumpía de nuevo, no sólo en Judea, origen del mal, sino también por la Ciudad (de Roma), lugar en el que de todas partes confluyen y donde se celebran toda clase de atrocidades y vergüenzas».

Los expertos aportan algún argumento más para defender la existencia de Jesús pero todos coinciden en señalar que el episodio de su muerte es el hecho más seguro que puede afirmarse históricamente de él. Más adelante será oportuno retomar el tema de la crucifixión. Antes, convendrá regresar al Belén que menciona el Evangelio de San Mateo para exponer un par de reflexiones.

La tradición concreta el nacimiento de Jesús en tiempos de Herodes I, que murió en el año 4 a.C., pero queda por resolver la fecha precisa. En el Evangelio de San Lucas se hace referencia al empadronamiento que, por edicto de César Augusto, tuvo lugar siendo Cirino gobernador de Siria. Ahí surge el primer problema porque no está atestiguado que Cirino gobernara Siria en vida de Herodes I (entre los años 9 y 4 a.C., constan los nombres de otros gobernadores). Además, parece que hubo empadronamientos generales antes y después del año 4 a.C. Todos los datos disponibles determinan que todavía hay una cuestión cronológica por resolver. Esta impresión se acrecienta aún más si recurrimos de nuevo al Evangelio de San Mateo:

«Nacido, pues, Jesús en Belén de Judá, en los días del rey Herodes, llegaron del Oriente a Jerusalén unos magos, diciendo: ¿Dónde está el rey de los judíos que acaba de nacer? Porque hemos visto su estrella al oriente y venimos a adorarle» (Mt. 2,1-2).

Los cálculos astronómicos realizados sitúan en el año 7 a.C. la extraordinaria conjunción planetaria de Júpiter y Saturno en la constelación de Piscis que pudo generar no pocas lecturas entre los astrónomos del imperio babilónico.

Llegados a este punto, es preciso constatar que la finalidad que persiguen los Evangelios dista mucho de los objetivos que se plantean los libros de historia. Su cometido, su interés, es el de dar testimonio de la fe de que Jesús es el Mesías. De ningún modo pretenden ser textos biográficos. Es por ello que, a pesar de contener verdades históricas que sortean cualquier atisbo de objeción, es lícito convenir que resulta absurdo que deban soportar el peso de quienes los observan como el relato exacto y preciso de los hechos, o de quienes se sienten tentados a aprovechar sus inexactitudes y ambigüedades para someterlos a un juicio erróneo.

A través de los Evangelios conocemos muchos de los elementos que formaban parte del ambiente de la época. Trascienden los nombres de personajes importantes e influyentes. Quedan reflejadas las condiciones de vida que se dieron en el entorno de Palestina, se mencionan los grupos religiosos y sus normas, se detallan desde pequeñas aldeas a grandes ciudades... Todo ello —su precisión y su complejidad— confiere a sus autores un alto grado de credibilidad, consideración que, por lo general, también es aplicable a los demás escritores del Nuevo Testamento. De hecho, al cristianismo se le tiene por una religión fundamentalmente histórica, cuyos pilares se levantan sobre sucesos históricos. Y, claro está, el más importante de aquellos sucesos reside en la vida de Jesús. Ocurre que, como ya hemos reiterado, apenas disponemos de datos biográficos sobre él. Los investigadores más tenaces saben que es prácticamente imposible pretender hallar respuestas definitivas sobre la personalidad y el carácter del personaje, así como de la conciencia que tenía de sí mismo, uno de los enigmas que provoca –y seguirá provocando– mayores controversias. Claro que para controversias más o menos cercanas en el tiempo resulta obligado detenerse en los famosos rollos hallados entre los años 1947 y 1956 en once cuevas situadas en un lugar denominado Chirbet Qumrán, en las proximidades de la ribera del Mar Muerto, al sur de la ciudad mítica de Jericó.

LOS ROLLOS DEL MAR MUERTO

Los rollos del Mar Muerto llegaron a ser calificados como el descubrimiento arqueológico más grande del siglo XX. Sus textos, escritos en arameo, hebreo y griego, contienen partes del Antiguo Testamento, salmos, comentarios y otra literatura de carácter religioso. Vaya por delante que el nombre de Jesús no se menciona ni una sola vez en los escritos conocidos y que, según el resultado de todas las pruebas realizadas, los manuscritos más relevantes de Qumrán fueron redactados uno o dos siglos antes de los tiempos en que transcurrió la vida de Jesús.

Del contenido de los citados pergaminos se desprende —o así lo interpreta la mayor parte de la investigación— que aquél fue probablemente un asentamiento de esenios que mantenían una vida comunal estrictamente dedicada a Dios. Al parecer, su líder y fundador era llamado el «Maestro Justo» o el «Maestro de Justicia», alguien que, como el Hijo de Dios, predicó la humildad, la caridad y el amor al prójimo. Murió ajusticiado. Ante tales revelaciones, no han faltado los partidarios de manifestar su inclinación por desarrollar la hipótesis de que aquel personaje pudiera identificarse con la figura de Jesús. Esta hipótesis ha sido tachada de imposible por quienes sostienen que se basa, entre otros, en un error de datación (el citado «Maestro Justo» habría actuado entre los años 150 y 100 a.C.). Para estos últimos, existen numerosas e insalvables diferencias entre los esenios y la comunidad de Qumrán, y Jesús y su comunidad de discípulos.

No acaban en este punto las polémicas entre quienes opinan que los rollos del Mar Muerto pueden modificar determinadas teorías acerca de Jesús y quienes aseguran que los escritos de Qumrán «sólo» ofrecen una visión amplia y decisiva de la religiosidad inmediatamente anterior a la aparición de la primera comunidad cristiana.

Los primeros, tras advertir que la Iglesia católica ha actuado en este asunto contra toda iniciativa de carácter revisionista, defienden planteamientos o supuestos del tal envergadura —o de tal sensacionalismo indigno, si se está al otro lado de la barrera— como que Jesús sí llegó a aspirar al trono de David (enfrentándose así a la firme sentencia que, según el Evangelio de San Juan, emite el propio Jesús: «*Mi reino no es de este mundo*»), y que quizás no murió en la cruz, hipótesis que ponen en entredicho las bases dogmáticas del cristianismo. Ni que decir tiene que los segundos han proclamado su asombro ante lo que entienden como una barbaridad que sólo pretende sacar provecho de la estulticia. Incluso alguno de los científicos o investigadores que, presuntamente, fueron «apartados» por el Vaticano del estudio pormenorizado de los rollos del Mar Muerto, y que se muestran críticos con respecto a determinadas actitudes de la Iglesia católica, han negado que ésta haya querido sojuzgar con medios represivos la verdad sobre Jesús.

Para quienes desafían la veracidad del episodio de la crucifixión y muerte de Jesús en el Gólgota, la idea del supuesto óbito aparente encuentra ciertos apoyos en el Evangelio de San Marcos:

«*Llegada ya la tarde, porque era la* Parasceve, *es decir, la víspera del sábado, vino José de Arimatea,*

ilustre consejero (del Sanedrín), el cual también espe-
raba el reino de Dios, y se atrevió a presentarse a Pilato
para pedirle el cuerpo de Jesús. Pilato se maravilló de
que ya hubiera muerto, y haciendo llamar al centurión,
le preguntó si en verdad había muerto ya. Informado del
centurión, dio el cadáver a José, el cual compró una
sábana, lo bajó, lo envolvió en la sábana y lo depositó en
un monumento que estaba cavado en la peña, y volvió la
piedra sobre la entrada del monumento» (Mc. 15,42-46).

La muerte por crucifixión era el tipo de ejecución más
ignominioso que permitían las leyes romanas de la época
y en ningún caso podía aplicarse a los ciudadanos romanos. El suplicio de la cruz era cruel y prolongado puesto
que las heridas ocasionadas en las extremidades de los
condenados no eran mortales. El crucificado sufría el tormento durante varios días y acababa muriendo de asfixia
a causa de la forzada posición en que se hallaba su cuerpo. Para que el procedimiento fuera más rápido se opta-
ba por romperle las piernas. Así, el condenado quedaba
sujeto a la cruz sólo por la parte superior y esta circunstancia aceleraba la llegada de la muerte.

Según el Evangelio de San Juan, a Jesús no le rompieron hueso alguno:

«*Los judíos, como era el día de la* Parasceve, *para*
que no quedasen los cuerpos en la cruz en día de
sábado, por ser día grande aquel sábado, rogaron a
Pilato que les rompiesen las piernas y los quitasen.
Vinieron, pues, los soldados y rompieron las piernas al
primero y al otro que estaba crucificado con Él; pero lle-
gando a Jesús, como le vieron ya muerto, no le rompie-
ron las piernas, sino que uno de los soldados le atravesó

con su lanza el costado, y al instante salió sangre y agua» (Jn. 19,31-34).

La «rápida» muerte de Jesús en la cruz es lo que ha dado pie a algunos historiadores para pensar que, quizás, quienes se hicieron cargo del cuerpo una vez descolgado albergaron la esperanza de hallarlo todavía con vida.

El hecho, según esta hipótesis, hubiera podido contar con la presunta complicidad de Pilato, gobernador romano de Judea:

«Pilato, convocando a los príncipes de los sacerdotes, a los magistrados y al pueblo, les dijo: Me habéis traído a este hombre como alborotador del pueblo, y habiéndole interrogado yo ante vosotros, no hallé en Él delito alguno de los que alegáis contra Él. Y ni aun Herodes, pues nos lo ha vuelto a enviar. Nada, pues, ha hecho digno de muerte. Le corregiré y le soltaré» (Lc. 23,13-16).

Quede constancia, pues, que para algunos investigadores hay motivos suficientes para sustentar la teoría de que Jesús, finalmente, no llegó a morir en la cruz y que consiguió salir de Judea.

Por muy objetivo que se desee ser en torno a este controvertido asunto, lo cierto es que la citada línea de trabajo cuenta con escasos adeptos. Tanto es así que, como ya se ha comentado con anterioridad, la inmensa mayoría de los investigadores coinciden en afirmar que la muerte de Jesús es el hecho más seguro que podemos afirmar históricamente de él.

Si de una forma legítima se utilizan los evangelios para afianzar o acompañar las hipótesis sobre el destino

Jesús crucificado, uno de los máximos símbolos del cristianismo. Símbolo de fe, de renuncia, de perdón y de resurrección hacia la vida eterna.

de Jesús más allá del calvario, no es menos lícito recordar que los cuatro evangelistas dan fe de su muerte en la cruz:

Evangelio de San Mateo: «*Desde la hora sexta se extendieron las tinieblas sobre la tierra hasta la hora de nona. Hacia la hora de nona exclamó Jesús con voz fuerte, diciendo: Eli, Eli, lema sabachtani! Que quiere decir: Dios mío, Dios mío, ¿por qué me has desamparado? Algunos de los que allí estaban, oyéndolo, decían: A Elías llama éste. Luego, corriendo, uno de ellos tomó una esponja, la empapó de vinagre, la fijó en una caña y le dio a beber. Otros decían: Deja; veamos si viene Elías a salvarle. Jesús, dando de nuevo un fuerte grito, expiró*» (Mt. 27,45-49).

Evangelio de San Marcos: «*Llegada la hora sexta, hubo oscuridad sobre toda la tierra hasta la hora nona. Y a la hora de nona gritó Jesús con voz fuerte: Eloí, Eloí, lama sabachtani? Que quiere decir: Dios mío, Dios mío, ¿por qué me has abandonado? Algunos de los presentes, oyéndole, decían: Mirad, llama a Elías. Corrió uno, empapó una esponja en vinagre, la puso en una caña y se lo dio a beber, diciendo: Dejad, veamos si viene Elías a bajarle. Jesús, dando una voz fuerte, expiró*» (Mc. 15,33-37).

Evangelio de San Lucas: «*Era ya como la hora de sexta, y las tinieblas cubrieron toda la tierra hasta la hora de nona, obscurecióse el sol y el velo del templo se rasgó por medio. Jesús, dando una gran voz, dijo: Padre, en tus manos entrego mi espíritu; y diciendo esto, expiró*» (Lc. 23,44-46).

Evangelio de San Juan: «*Después de esto, sabiendo Jesús que todo estaba ya consumado, para que se cumpliera la Escritura dijo: Tengo sed. Había allí un botijo lleno de vinagre. Fijaron en una rama de hisopo una esponja empapada en vina-*

gre y se la llevaron a la boca. Cuando hubo gustado el vinagre, dijo Jesús: Todo está acabado, e inclinando la cabeza, entregó el espíritu» (Jn. 19,28-30).

Es el testimonio de los cuatro evangelios canónicos, aquellos que la Iglesia ha aceptado como auténticos e inspirados en Jesús (los llamados «evangelios apócrifos» son textos sin validez para la jerarquía católica; entre éstos destaca el de Tomás, hallado a mediados del siglo XX en Egipto).

En función de los estudios, investigaciones y cálculos realizados, muchos suponen que la muerte de Jesús aconteció el viernes, día 7 de abril del año 30. Es obvio que no se ha alcanzado una total seguridad al respecto. La cronología exacta sobre la vida de Jesús parece tratarse de una meta inalcanzable. En cualquier caso, sin duda es un problema —si así puede llamarse— pendiente de resolución.

Lo que no admite controversias es que Jesús murió joven, traicionado y negado por sus discípulos tal y como él mismo predijo:

«*Díjoles Jesús: Todos os escandalizaréis, porque escrito está: Heriré al pastor y se dispersarán las ovejas (...). Más Pedro le dijo: Aun cuando todos se escandalizaren, no yo. Jesús le respondió: En verdad te digo que tú hoy, esta misma noche, antes que el gallo cante dos veces, me negarás tres»* (Mc. 14,26-30).

El hombre que, en el mejor de los casos, estuvo predicando tres años —pudieron ser menos, admitiéndose la posibilidad de que su actuación, en realidad, apenas alcanzara unos cuantos meses—, y que obtuvo el fervor de una masa de gente considerable, murió prácticamente solo, abandonado y vilipendiado por todo aquél que se acercó a contemplar su ejecución (para mayor ejemplaridad, las ejecuciones solían llevarse a cabo cerca de los caminos). De alguna manera, la escena del Gólgota que hoy tanto nos conmueve representó, en aquellos momentos, la consumación del fracaso de la obra de Jesús. Y es precisamente esta lógica sensación de fracaso la que puede reforzar aún más la veracidad de los relatos expuestos en los Evangelios puesto que ¿quién que estuviera interesado en propagar el mensaje de Jesús se habría inventado semejante desenlace?

LA DOCTRINA DE JESÚS

Jesús, tras granjearse la enemistad de sus compatriotas, murió porque la autoridad romana acabó pronunciándose a favor de su ejecución. Atrás quedaban los días en que difundió el mensaje de su doctrina:

> «Yo públicamente he hablado al mundo; siempre enseñé en las sinagogas y en el templo, adonde concurren todos los judíos; nada hablé en secreto» (Jn. 18,20).

Si, como ha quedado escrito, los Evangelios ofrecen escasos datos históricos sobre Jesús, otra cosa bien distinta sucede con respecto al impacto —los impactos— que causó sobre sus discípulos y sobre el entorno social de su época.

Qué duda cabe que para explicar el alcance de esos impactos nadie puede esquivar los efectos que provocaron los milagros entre las multitudes. Al margen de los interrogantes que se quieran plantear a propósito del alcance real de aquellas proezas, es preciso destacar que, según se desprende de los Evangelios, Jesús nunca hizo ostentación de su poder con el fin de atraerse la admiración de los demás y, así, conquistar su fervor. En la mayoría de las ocasiones, el milagro fue la consecuencia directa de un acto de fe. Además, él incluso llegó a temer que su ministerio pudiera verse comprometido por la excitación que originaban aquellos sucesos extraordinarios:

«*Partido Jesús de allí, le seguían dos ciegos dando voces y diciendo: Ten piedad de nosotros, Hijo de David. Entrando en casa, se le acercaron los ciegos y les dijo Jesús: ¿Creéis que puedo yo hacer esto? Respondiéronle: Sí, Señor. Entonces tocó sus ojos, diciendo: Hágase en vosotros según vuestra fe. Y se abrieron sus ojos. Con tono severo les advirtió: Mirad que nadie lo sepa*» (Mt. 9,27-30).

Jesús maravilló a sus discípulos por razones mucho más profundas y sustanciales. Bien podría decirse que lo que realmente les cautivó fue la enorme bondad que transmitía. Pedro, una vez que tuvo que resumir la vida del Maestro, dejó en un segundo plano el prodigio de los milagros como argumento o como elemento de síntesis para explicar la actuación de Jesús:

«*Vosotros sabéis lo acontecido en toda Judea, comenzando por la Galilea, después del bautismo predicado por Juan; esto es, cómo a Jesús de Nazaret le ungió Dios con el Espíritu Santo y con poder, y cómo pasó haciendo bien y curando a todos los oprimidos por el diablo, porque Dios estaba con Él*» (Hch. 10,37-38).

Y Dios, a ojos de los discípulos, estaba con alguien que difundió sin descanso la necesidad de practicar la compasión sin límites, superando cualquier tipo de barrera social o legal (se relacionó con proscritos y prostitutas, curó en sábado...).

Otro de los citados impactos llegó propulsado por los contenidos del mensaje que predicó Jesús. Los Evangelios recogen una enorme cantidad de ellos. Son mensajes que, quizás, y a fuerza de repetirlos a lo largo de dos mil años, hayan perdido parte de su vibrante empuje inicial. Los discípulos que estuvieron más cerca y por más tiempo con Jesús —los que le oyeron con mayor frecuencia— quedaron fascinados por la elocuencia, la concreción, la simplicidad y, también, la gravedad de sus palabras:

> *«Se le acercó uno de los escribas (...), le preguntó: ¿Cuál es el primero de todos los mandamientos? Jesús contestó: El primero es: «Escucha, Israel: El señor, nuestro Dios, es el único Señor, y amarás al Señor tu Dios con todo tu corazón, con toda tu alma, con toda tu mente y con todas tus fuerzas». El segundo es éste: «Amarás a tu prójimo como a ti mismo». Mayor que estos no hay mandamiento alguno»* (Mc. 12,28-31).

Otro buen ejemplo de lo dicho lo encontramos en el Evangelio de San Mateo:

> *«De nuevo os digo: es más fácil que un camello entre por el ojo de una aguja que entre un rico en el reino de los cielos»* (Mt. 19,24).

Y lo dejaremos así, sin entrar en mayores detalles sobre reflexiones tan conocidas como las de «ver la paja en el ojo ajeno y no la viga en el propio», o la de «ofrecer la otra mejilla». La lista es larga.

Para resumirlo en dos líneas, y basándonos en los datos e informaciones que obran a nuestro alcance, la vida del Jesús histórico transcurrió por los senderos de la humildad, la compasión y el amor absoluto hacia el prójimo. Es por ello que, como destacábamos al principio, su figura continúa suscitando un enorme interés.

PRIMEROS PASOS DEL CRISTIANISMO

Tras la muerte de Jesús se registra el acontecimiento central del cristianismo: la resurrección. Este suceso marca la frontera definitiva entre el Jesús histórico y el Cristo de la fe. A partir de este momento, el debate se desarrolla en un ámbito totalmente distinto. Como ya hemos subrayado en el capítulo anterior, la inmensa mayoría de los investigadores consideran indudable que la figura de Jesús forma parte de la historia. Otra cosa bien distinta es que ese Jesús sea Hijo de Dios. Esta afirmación sólo puede hacerse desde la fe. Así pues, creer que Jesús es el Mesías y, por tanto, el salvador de todos y de cada uno de nosotros, es un acto de fe. El cristianismo se apresura a matizar que la fe debe tener razones para no convertirse en un acto puramente irracional: Dios no pretende que el mundo crea porque sí.

Desde un punto de vista estrictamente histórico, es lógico concluir que disponemos de escasos detalles sobre qué ocurrió después de la crucifixión. Lo que sí es seguro es que los seguidores de Jesús estaban convencidos de que la muerte no se había apoderado de él.

La cruz parecía el final, pero no fue así. Sus discípulos lo vieron después de morir. Había resucitado. Esta experiencia les hizo ver con una nueva luz todo el camino que habían hecho junto a él. Sus palabras y signos fueron adquiriendo un sentido más profundo, más auténtico. Eran las palabras y los signos del Hijo de Dios.

La certeza de que Jesús seguía con vida transformó a un puñado de desconsolados seguidores de un líder asesinado y desacreditado en uno de los grupos más dinámicos de la historia de la humanidad. Ninguno de ellos había tenido facilidad de palabra, pero todos rezumaban elocuencia. Partiendo de una pequeña habitación de Jerusalén, difundieron su mensaje con tal fervor que se enraizó en la propia generación de Jesús en todas las principales ciudades del mundo.

Jesús no dejó testimonio escrito sobre sus enseñanzas. Tampoco sus discípulos fueron tomando nota de sus palabras. El fondo evangélico se hallaba en Jesús y el reducido grupo de discípulos que le acompañaban, porque la tradición evangélica mana de las palabras y signos de Jesús, de las que fueron testigos los discípulos que él escogió para que estuvieran a su lado.

Las palabras y signos de Jesús despertaban la admiración de la gente. Sus enseñanzas eran fáciles de recordar porque hablaban de situaciones concretas de la vida cotidiana. Estos signos y enseñanzas quedaron especialmente grabados en la mente y en el corazón de los discípulos. Con ellos Jesús estableció una relación muy especial. La llamada del Maestro supuso un cambio radical en sus vidas: lo dejaron todo para seguirle y compartir su estilo de vida y hasta su destino. Jesús les instruía con sus palabras y con su forma de actuar, explicándoles el sentido de su mensaje y ayudándoles a profundizar en sus enseñanzas. Era el camino previo a seguir para, luego, mandarles a predicar la buena noticia que él anunciaba.

La estrecha vinculación de Jesús con sus discípulos y el envío de éstos para la difusión de sus palabras son los pilares más firmes de la tradición evangélica.

Llegados a este punto, es necesario resaltar la importancia que tenía la memoria en la antigüedad, sobre todo entre los judíos. Hace 2.000 años la escritura era una práctica muy cara (los papiros y pergaminos eran casi un lujo) y muy pocos sabían leer y escribir. En este contexto es fácil entender que la relación que Jesús establece con sus discípulos implica la memorización de sus palabras y enseñanzas.

Así pues, los primerísimos pasos del cristianismo se encuentran en los discípulos, quienes fueron enviados a transmitir el mensaje del Hijo de Dios tras haber escuchado muchas veces sus enseñanzas y tras haber sido testigos de sus signos.

Apenas transcurridos diez años desde la crucifixión, los seguidores de Jesús de Nazaret se encontraron ante un gran dilema: ¿qué hacer con los paganos que deseaban convertirse a la nueva fe? Acabado de brotar, el incipiente árbol del Nazareno ya comenzaba a dividirse en dos ramas. ¿Bastaba con que los convertidos aceptasen a Jesucristo como el Mesías, tal y como sostenía Pablo de Tarso, apóstol de los gentiles, o debían ser circuncidados y someterse a la ley de Moisés, como defendía desde Jerusalén el apóstol Santiago, convencido de que los cristianos eran los auténticos judíos?

La disputa, trascendental para el futuro de aquella reducida comunidad de heterodoxos que identificaba como hijo de Dios a un hombre ejecutado como un criminal, la resolvió el apóstol Pedro en el primer concilio cristiano, convocado el año 49 en la misma Jerusalén. Tras una larga discusión en la que los judaizantes parecían llevar la voz cantante, Pedro, con la ayuda del apóstol Bernabé, dio la razón a Pablo. Las puertas de la primitiva Iglesia quedaban totalmente abiertas a los no judíos. El cristianismo podía expandirse como la nueva religión universal.

Esta etapa de la historia del cristianismo se caracteriza por la rápida expansión de su mensaje y, en consecuencia, al nacimiento de sus comunidades. El libro de los Hechos describe las principales etapas de este proceso de expansión. En el año 50 d.C., a sólo veinte años de la muerte de Jesús, el cristianismo se había extendido por toda la parte oriental del imperio.

Los recuerdos sobre Jesús se fueron transmitiendo y conservando en los distintos ámbitos de la vida de las comunidades: la predicación, la catequesis y la celebración. Los misioneros cristianos que iban anunciando la buena noticia ilustraban su predicación contando los actos que Jesús había realizado; repetían sus parábolas y enseñanzas y trataban de mostrar que en Jesús se habían cumplido las promesas del Antiguo Testamento.

En esta época comenzó también la tradición de los Hechos de Jesús. Los que le habían conocido y habían sido testigos de ellos se los contaban a los que no le habían conocido. Así nacieron los relatos de vocación, los relatos de milagros, el núcleo de los relatos de pasión.

En el año 57 d.C., estalló una fuerte rebelión contra Roma que inflamó el nacionalismo judío. Tras trece años de tensa relación, los rebeldes fueron severamente derrotados por las tropas de Tito, hijo del emperador Vespasiano, que arrasó Jerusalén. Con la destrucción del templo se desencadenó una nueva situación dentro del judaísmo que afectó las comunidades cristianas. Al desaparecer el templo y la clase sacerdotal, el judaísmo se replegó en torno a la ley y nació una nueva ortodoxia conducida por los fariseos, cuya intolerancia acrecentó las tensiones entre la iglesia cristiana y la sinagoga judía hasta llegar a una abierta ruptura.

Este hecho favoreció que la iglesia se identificara como algo bien distinto del judaísmo. A su vez, las comunidades cristianas se enfrentaban a lo que podría entenderse como una crisis de maduración. Habían desaparecido ya los ímpetus iniciales y resultaba difícil vivir el evangelio. La tentación de acomodarse al mundo era grande y la perseverancia difícil. Por esta razón se convirtió en objetivo inexcusable la recuperación de la radicalidad de vida de Jesús contenida en las tradiciones evangélicas.

La desaparición de los apóstoles que habían conocido a Jesús es otra característica fundamental de esta etapa. Ya nadie podía decir: ¡Yo lo ví! Y por eso se hacía más urgente conservar de forma fidedigna las tradiciones recibidas.

Nacen así diversas tradiciones vinculadas a los principales apóstoles de la primera generación (Pedro, Santiago, Juan y Pablo), y relacionadas con las diversas áreas de implantación del cristianismo. La tradición de Pedro tenía su centro en Antioquía, la de Santiago en Jerusalén, la de Juan en Transjordania y la de Pablo, que era la más extendida, en las regiones de Asia Menor, Grecia y Roma.

En esta época el cristianismo había llegado también a Egipto y otros lugares donde florecieron otras tradiciones vinculadas a otros apóstoles o personajes importantes (Tomás, María Magdalena). Estos datos dan una idea de la complejidad y diversidad del cristianismo en esta época. Sin embargo, durante una segunda generación se inició un proceso de unificación de las diversas tradiciones en torno a las dos más importantes: la petrina (Pedro) y la paulina (Pablo), convirtiéndose en norma y medida de las demás. Fue tarea de los evangelistas recoger estas tradiciones, algunas de las cuales ya constaban por escrito, e integrarlas dentro de un marco narrativo.

LOS EVANGELIOS

Durante muchos años las comunidades cristianas vivieron sin los Evangelios, pero en los primeros años de la segunda generación y en un corto período de tiempo se escribieron, al menos, los cuatro evangelios canónicos. La desaparición de los testigos oculares fue determinante para que sus testimonios se pusieran por escrito con el propósito de evitar que perdieran veracidad o que sufrieran graves distorsiones a causa del tiempo transcurrido y como consecuencia de la interpretación oral.

Los evangelistas contaron ciertamente con fuentes de información pero la mayoría de ellas no se conocen. El único hecho demostrable es que Mateo y Lucas utilizaron el evangelio de Marcos. Así pues, el de Marcos es el evangelio más antiguo. En la composición de su relato utilizó seguramente tradiciones anteriores (parábolas, controversias, milagros, relato de la pasión). Su labor no sólo consistió en recopilar todas estas tradiciones, sino que las actualizó y las organizó siguiendo un esquema que los misioneros cristianos utilizaban para contar los principales acontecimientos de la vida de Jesús.

Mateo y Lucas no se limitaron a seguir el trazado básico de Marcos puesto que incluyeron en sus relatos la mayor parte de dicho evangelio, aunque bien es cierto que con importantes modificaciones que trataron de adaptar los diversos pasajes a las situaciones de sus respectivas comunidades.

El evangelio de Juan tiene su propia historia. Coincide muy poco con los anteriores porque sus fuentes fueros distintas y sólo en contadas ocasiones se encuentran relatos procedentes de una tradición común.

La importante tarea de estos ministros de la palabra se describe en un pasaje de las cartas pastorales:

«*Lo que has oído de mí en presencia de muchos testigos, confíalo a hombres fieles, que a su vez sepan enseñar a otros*» (*Epist. 11 Tim. 2,2*).

Esto indica que durante el proceso de formación de los evangelios hubo una preocupación explícita por ser fieles a las tradiciones recibidas.

LAS PERSECUCIONES

Jesús ya había pronosticado que el camino de sus seguidores, al igual que el suyo, no sería fácil:

«*He aquí, yo os envío como a ovejas en medio de lobos; sed, pues, prudentes como serpientes, y sencillos como palomas. Y guardaos de los hombres, porque os entregarán a los concilios, y en sus sinagogas os azotarán; y aún ante gobernadores y reyes seréis llevados por causa de mí, para testimonio a ellos y a los gentiles. Mas cuando os entreguen, no os preocupéis por cómo o qué hablaréis; porque en aquélla hora os será dado lo que habéis de hablar. Porque no sois vosotros los que habláis, sino el Espíritu de vuestro Padre que habla en vosotros. El hermano entregará a la muerte al hermano, y el padre al hijo; y los hijos se levantarán contra los padres, y los harán morir. Y seréis aborrecidos de todos por causa de mi nombre; mas el que persevere hasta el fin, éste será salvo*» (*Mt. 10,16-22*).

En aquella época, el imperio romano permitía la libertad de culto de las diversas religiones que, procedentes de distintas naciones, se habían implantado en Roma. Por ello resulta paradójico que el cristianismo fuera la excepción. Para los cristianos eso constituía una prueba evidente de la verdad del cristianismo, y algunos atribuyeron al poder del mal el hecho de las persecuciones.

Es cierto que algunos emperadores como Nerón fueron realmente unos monstruos de la maldad, pero también es cierto que otros como Trajano, Diocleciano y Marco Aurelio, que también ordenaron persecuciones y matanzas, han pasado a la historia como emperadores filósofos, mecenas del arte y la cultura, cuyos escritos hoy en día son leídos y consultados.

Debemos considerar, pues, que las causas de la hostilidad hacia los cristianos no siempre respondieron a los mismos criterios. Sin embargo, sí se puede afirmar que el gran perseguidor de los cristianos fue, sin lugar a dudas, Roma.

Cayo Seutonio (70-140 d.C.), erudito y escritor romano, sitúa sobre el año 50 la primera represión hacia los cristianos por parte del imperio romano, cuando Claudio (10 a.C.-54 d.C.) expulsó a los judíos de Roma por alborotar en nombre de «Chresto».

Quizás el gran artífice de las persecuciones fuera Nerón (37-68 d.C.) quien en el año 64 culpabilizó a los cristianos del incendio de Roma. Esta acusación colocó al pueblo romano en contra de los cristianos y fue el vehículo por el que se acuñó el famoso y trágico grito de «¡Los cristianos al león!», que perduraría en el tiempo durante dos siglos y medio.

Las cuatro siguientes persecuciones importantes que van desde el año 94 hasta el 180 y promovidas por Domiciano, Trajano, Antonino Pio y Marco Aurelio, tuvieron unos intereses más bien legislativos y se centraron básicamente sobre el área romana. No castigaban a los cristianos por el mero hecho de ser cristianos sino, como a cualquier ciudadano, por no obedecer las leyes impuestas. La base jurídica de las persecuciones correspondía a los magistrados con el único fin de preservar el orden público y las penas impuestas podían ser simples multas, el exilio con confiscación de bienes, el trabajo en las minas o, muy raramente, la pena capital.

Tras dos siglos de persecuciones, el cristianismo, en lugar de desaparecer, había crecido y se había extendido por todas las capas sociales. Su desarrollo ponía en peligro la religión tradicional romana. Así las cosas, en el siglo III las persecuciones se convirtieron en una forma sistemática de exterminio del cristianismo, amparada con leyes, métodos y edictos muy elaborados.

En el año 202, el emperador Septimio Severo, queriendo dar una mayor estabilidad al imperio, quiso reforzar la uniformidad de culto y prohibió toda manifestación religiosa de judíos y cristianos. En este sentido, promulgó un decreto por el que todo el mundo debía rendir culto al «Sol invicto». La iniciativa del emperador contó con la oposición de judíos y cristianos, hecho que propició terribles persecuciones contra unos (creyentes en el Dios de Israel) y otros (seguidores del Mesías). Muchos fueron sacrificados bajo terribles torturas con el único consuelo de la gracia de Dios. Para los cristianos el martirio era causa de bienaventuranza:

«*Bienaventurados sois cuando por mi causa os vituperen y os persigan, y digan toda clase de mal contra vosotros, mintiendo. Gozaos y alegraos, porque vuestro galardón es grande en los cielos; porque así persiguieron a los profetas que fueron antes que vosotros»* (Mt. 5,11-12).

Bajo el umbral de la muerte, muchos mártires se enfrentaban a su destino con un *Deo Gratias*.

Cuando el emperador Decio tomó el poder en el año 249, desató contra los cristianos una de las más crueles persecuciones. El acoso se extendió más allá del área romana y se llevó a cabo por todo el imperio. Decio anhelaba aniquilar totalmente al cristianismo puesto que lo consideraba un peligro cierto para el imperio romano tradicional.

El propósito del emperador, naturalmente, distaba mucho del de crear mártires: pretendía que los cristianos renegaran de su fe mediante las más crueles torturas.

Más radical sería el emperador Valeriano. En los años 257 y 258 impuso una política de exterminio total: buscó y persiguió a los cristianos allí donde se encontraran.

La última y más cruenta de todas las persecuciones fue la que emprendió Diocleciano en el año 303.

Eusebio de Cesárea (260?-340?), teólogo, historiador y erudito cristiano, probablemente nacido en Palestina, nos ha legado esta «cronología de persecuciones», sin que por ello debamos excluir otros períodos de mayor o menor hostigamiento.

64 d.C.	Nerón (37-68 d.C.)
94 d.C.	Domiciano (51-97 d.C.)
111 d.C.	Trajano (52-117 d.C.)
138-161 d.C.	Antonio Pío (86-161 d.C.)
161-180 d.C.	Marco Aurelio (121-180 d.C.)
202-211 d.C.	Septimio Severo (146-211 d.C.)
235-238 d.C.	Maximino Tracio (173-238 d.C.)
249-251 d.C.	Decio (201-251 d.C.)

El cristianismo vislumbró un principio de libertad cuando apenas se habían apagado los ecos de la última persecución de Diocleciano. Fue Galerio quien, en el año 311 d.C., promulgó un edicto concediendo cierta tolerancia a los distintos cultos que existían en el imperio.

De esta forma, el cristianismo dejaba de ser una «secta ilegal».

EL EDICTO DE MILÁN

El paso de la tolerancia a la plena libertad religiosa se produjo con rapidez y su principal responsable fue el emperador Constantino que, junto con Licinio, elaboró y promulgó el «Edicto de Milán»:

«Habiendo advertido hace ya mucho tiempo que no debe ser cohibida la libertad de religión, sino que ha de permitirse el arbitrio y libertad de cada cual se ejercite en las cosas divinas conforme al parecer de su alma, hemos sancionado que, tanto todos los demás, cuanto los cristianos, conserven la fe y observancia de su secta y religión (....) Que a los cristianos y a todos los demás se conceda libre facultad de seguir la religión que a bien tengan; a fin de que quienquiera que fuere el numen divino y celestial pueda ser propicio a nosotros y a todos los que viven bajo nuestro imperio. Así, pues, hemos promulgado con saludable y rectísimo criterio ésta nuestra voluntad, para que a ninguno se niegue en absoluto licencia de seguir o elegir la observancia y religión cristiana. Antes bien sea lícito a cada uno dedicar su alma a aquella religión que estimare conveniente».

Esta constitución imperial fue confirmada por un edicto fechado en Milán en el año 313 d.C. Las leyes que discriminaban a los cristianos quedaron abolidas y la iglesia fue reconocida por el poder civil, inaugurando así una nueva era en la historia del cristianismo.

EL CAMINO HACIA LA UNIDAD

Como ya hemos visto en el capítulo anterior, está claro que el Edicto de Milán promulgado en el año 313 por los co-emperadores Constantino (Occidente) y Licinio (Oriente), fue uno de los hechos más decisivos en la historia del cristianismo.

Lo que no está tan claro es qué motivos condujeron a tomar esta decisión. Varias son las hipótesis que se han planteado al respecto. La mayoría de los historiadores coinciden en la más extendida: Constantino aspiraba a una concepción totalitaria, estable y unida del Estado y para ello era necesario contar con una religión prioritaria que respaldara al Imperio. El número de cristianos iba creciendo día a día, tanto entre el pueblo como en el ejército y las clases dirigentes. Ante esa realidad, tomó el camino más inteligente, optando por el cristianismo. Otorgó grandes privilegios a la Iglesia, asegurándose, de esta manera, que pudiera ser fácilmente dirigida por la «autoridad pública». En contra, los seguidores de Cristo querían creer que el motivo principal se debió a la «conversión» de Constantino, tesis también aceptada por otros historiadores. No obstante, el cristianismo no llegó a ser religión oficial del imperio hasta el año 390, de la mano del emperador Teodosio I *el Grande*. Pero antes veamos los detalles de esta «conversión».

Según nos cuenta la historia, Majencio, que compartía el título de César de Occidente con Constantino, aprovechando la ausencia de éste, quiso usurpar el poder y trató de impedir, sin conseguirlo, el avance del ejército de Constantino hacia Roma. Majencio fue derrotado en la batalla del Puente Milvio (312) y Constantino acabó nombrado emperador único de Occidente por el senado. Afirmó el emperador, y aquí entramos en la historia-leyenda, que antes de la batalla se le había aparecido una cruz de fuego en el cielo con las palabras *in hoc signo vinces* (con este signo vencerás). Esta es la versión que le gustaba relatar al propio emperador y que mantuvo hasta el fin de sus días. Otra cosa es la real «conversión» de Constantino, ya que no consintió en ser bautizado hasta los últimos días de su vida, y siguió rindiendo culto al dios del sol mitraísta. Los cristianos no dieron mayor importancia a este detalle y siguieron con lealtad a un emperador que los había «liberado» y que no se consideraba un dios, sino que gobernaba por la Gracia de Dios.

El nuevo camino que se abría para el cristianismo no sería tampoco placentero ni cómodo. Cierto que ya quedaba atrás la fuerte hostilidad del imperio romano, pero al propio tiempo empezaron a surgir serias discrepancias doctrinales en el seno de la Iglesia que enturbiarían la recién estrenada libertad. El camino hacia la unidad no sería fácil.

El apóstol Pablo ya había profetizado:

«Yo sé que después de mi partida entrarán entre vosotros lobos opresivos y no tratarán al rebaño con ternura, y de entre vosotros mismos se levantarán varones y hablarán cosas aviesas para arrastrar a los discípulos tras de sí» (Hech. 20,29,30).

y a los corintios les aconsejaba:

«*Ahora os exhorto, hermanos, por el nombre de nuestro Señor Jesucristo, a que todos habléis de acuerdo, y que no haya divisiones entre vosotros, sino que estéis aptamente unidos en la misma mente y en la misma forma de pensar*» (*I Cor.* 1,10).

No iba desencaminado el apóstol Pablo.

LA LLEGADA DEL ARRIANISMO

Una de las primeras controversias que surgieron en el seno de la nueva etapa del cristianismo, nació a raíz de la aceptación simultánea de entender a Jesús como Dios y Hombre a la vez. Arrio (256?-336), sacerdote libio que ejercía en Alejandría, inició en el año 315 una gran polémica afirmando que Jesucristo no era el verdadero Dios, sino la primera criatura creada por Dios. Jesucristo era sólo un hombre. El más santo de los hombres, pero sólo un hombre. En definitiva, cuestionaba la divinidad de Cristo.

Los principios defendidos por Arrio contradecían directamente la doctrina dogmática del trinitarismo (Padre, Hijo y Espíritu Santo en la misma Persona). El obispo de Alejandría declaró heréticas las tesis de Arriano mediante un sínodo que convocó en el año 323. Arriano no aceptó la decisión y fue excomulgado. Pero esta primera herejía cristológica no terminó ahí. Arrio encontró numerosos partidarios en Oriente, hecho que inquietó en gran manera a Constantino, temiendo que si el arrianismo seguía creciendo, Licinio, co-emperador del imperio romano en Oriente, cuyas relaciones con

Occidente no eran muy amigables, podría optar por apoyarlo. Ante tal posibilidad, Constantino tomó una gran decisión: se enfrentó directamente a Licinio derrotándole y convirtiéndose en el único emperador del imperio.

Con el fin de atajar definitivamente la herejía arriana, Constantino convocó en el año 325 en Nicea el Primer Concilio Ecuménico (universal). En él participaron por primera vez obispos de todo el imperio. Allí se convino la existencia de una única Iglesia Universal, cuya doctrina se plasmó en un Credo que pasó a formar parte del ceremonial católico. Además de la unidad de la Iglesia, el Concilio de Nicea ratificó las tesis trinitarias frente a las de Arrio, quedando así condenado el arrianismo y apartado de la Iglesia.

Aparte de estas cuestiones teológicas, también se convinieron otras de orden práctico como la de dotar al emperador la facultad de convocar concilios ecuménicos, lo que sin duda le concedía un importante control sobre la Iglesia. Se dictó también una prelación entre los obispos, aceptando la supremacía de tres de ellos: el de Roma, que era Silvestre, principal asesor de Constantino en materia cristiana, el de Alejandría que entonces era Alejandro, el más reputado en cuestiones teológicas y el de Antioquía, cuna del cristianismo.

LA RELEVANCIA DE CONSTANTINOPLA

Una de las decisiones geo-políticas más importantes llevadas a cabo por Constantino, fue la de trasladar, en el año 330, la capitalidad del imperio romano hacia una «nueva Roma». La ciudad de Bizancio, en la zona más oriental del Mediterráneo, fue la elegida,

Al igual que sucede con otras corrientes religiosas, en el cristianismo, los ángeles se convierten en los mensajeros de Dios.

pasando a llamarse Constantinopla (actual Estambul) en honor del emperador. Este cambio favoreció ostensiblemente a la parte oriental o griega de su imperio ya que fue transformándose en el centro religioso, social y político del mundo cristiano de Oriente. Esto propició una mayor división entre la Iglesia Católica, tanto por lenguaje como por geografía. La Iglesia de Roma, de habla latina, en Occidente, y la Iglesia de Constantinopla, de habla griega, en Oriente, se distanciaban aún más.

LOS MACEDONIOS

Esta situación, alimentó una nueva controversia en el año 360. Macedonio, patriarca de Constantinopla y seguidor de la doctrina semiarriana, negó la divinidad del Espíritu Santo. Esta nueva herejía se divulgó rápidamente pasando a llamarse macedonios sus adeptos.

Teodosio I *el Grande* (346-395), convocó en el año 381, en Constantinopla, el II Concilio Ecuménico. Este estuvo presidido por el patriarca Melecio de Antioquia y contó con la presencia de 150 obispos de todo Oriente.

Este Concilio llamado I de Constantinopla, fue emplazado para reafirmar la verdadera doctrina del trinitarismo: (Padre, Hijo y Espíritu Santo en una sola Persona), en contraposición de la herejía de Macedonio quien, no sólo rechazaba la divinidad de la Tercera Persona, sino que además afirmaba que el Espíritu Santo estaba al servicio de Dios Padre y del Hijo de Dios. Por unanimidad, fue rechazada y condenada la herejía, ratificando el dogma establecido en el I Concilio de Nicea por el cual «*Todas las Personas que componen la Santísima Trinidad, son iguales entre sí; en cuanto al poder, majestad, perfección y gloria divina».* También se amplió el credo establecido en Nicea, creándose, de esta manera, el símbolo de la fe Niceo-Constantinopolitano, que aún hoy sirve de guía para la Iglesia. En la asamblea, se acordó también otorgar el mismo honor al obispo de Constantinopla que al de Roma. Hay que destacar que en este Concilio la Iglesia occidental no estaba representada. Como vemos, la unidad dentro de la Iglesia continuaba distanciándose.

SAN DÁMASO: SUPUESTO DISEÑADOR DE LA IGLESIA

San Dámaso (305?-384) obispo de Roma, —considerado como el fundador de la Iglesia Romana, puesto que, tal como él la diseño, se conserva hasta nuestros días—, se impuso trabajar para conseguir la unión de los cristianos consciente del creciente alejamiento entre las dos Iglesias. Para ello, infatigablemente, celebró asambleas y mantuvo diálogos con cristianos de todas partes. Esta labor fue finalmente reconocida por los obispos de Oriente que le hicieron llegar el siguiente mensaje: «Instruidnos, dirigidnos; admitiremos lo que admitáis vos; rechazaremos lo que vos rechazéis. Sólo de vos aguardaremos la paz y la unidad de la Iglesia».

También a San Dámaso se debe la versión oficial de la Biblia Católica. Encargó a su secretario San Jerónimo (345-419), doctor de la Iglesia, escritor y gran erudito, la traducción al latín de los textos bíblicos que estaban escritos en griego y hebreo, lenguas que desconocían los cristianos de Occidente y que sólo los podían leer a través de escasas y malas traducciones que circulaban en aquellos tiempos. La Biblia traducida se difundió con el distintivo de *Verus et Vulgata Editio* (Edición verdadera traducida para el vulgo), siendo conocida como «La Vulgata».

MONAQUISMO

En esta época privilegiada del cristianismo resultaba más fácil ser cristiano que no serlo, circunstancia que para los seguidores de Cristo, en sus casi cuatro siglos de existencia, resultaba absolutamente novedosa. Algunos cristianos, quizás más comprometidos, empezaron a darse cuenta que la situación estaba relajando el grado de exigencia que imponía la conducta cristiana y era preciso, para cumplir con los imperativos morales de Cristo, huir del mundo acomodaticio en que vivían y buscar otros métodos de disciplina más auténticos. Esto condujo a que cristianos de diferentes orígenes iniciaran una vida ascética, que alejada del bullicio, les permitiera dedicarse al rezo y a la observación de las reglas estrictas marcadas por el cristianismo más originario. Este estilo de vida, que no era ninguna novedad, fue conocido como monaquismo o monacato y sus practicantes fueron llamados monjes (del griego, *monachó*, solitario). Los orígenes del monaquismo, debemos buscarlos en la segunda mitad del siglo III en Egipto. Algunos cristianos, huyendo de las persecuciones, se adentraban en el desierto iniciando allí una vida eremítica.

El monaquismo en el siglo IV, no era espontáneo, sino que era obra de hombres con gran personalidad y buena organización. Quizás el más representativo fue San Pacomio (290-346) que fundó en Tabbensi, al norte de Egipto, un cenobio de monjes para vivir en comunidad y redactó las reglas monásticas más antiguas que se conocen. La mayor parte del día se dedicaba a trabajos de artesanía y agrícolas, el resto a la meditación y la oración. Paulatinamente fueron surgiendo numerosas colonias de anacoretas en las márgenes del valle del Nilo que, con alguna pequeña diferencia, ejercían el mismo sistema de vida.

Este sistema monacal egipcio tenía muy poco que ver con la posterior vida claustral. Se parecían más a campos de trabajo, eso sí, voluntario y de buen trato a humano, que a monasterios. Estos monjes, que también acudían a otras comunidades para escuchar la palabra de diversos ascetas, practicaban todas las virtudes: el amor al prójimo, la paciencia, la humildad, la laboriosidad, etc. Su afán de perfección era auténtico.

LAS PRIMERAS DIFERENCIAS

En el siglo v fueron frecuentes las disputas que, por razones de supremacía, sostuvieron entre sí los obispos de las tres grandes ciudades del imperio romano: Constantinopla, Alejandría y Roma. La primera, Constantinopla, basaba sus pretensiones en el hecho de ser la capital del imperio. La segunda, Alejandría, por ser el centro cultural y comercial. La tercera, Roma, ofrecía su glorioso pasado y los recuerdos.

El mundo cristiano de Constantinopla adquiría cada vez una mayor influencia política y, por consiguiente, también económica. Una parte de las rentas públicas iban destinadas directamente a las arcas de la Iglesia, pero progresivamente se iba perdiendo la fe del primitivo cristianismo y la religión se iba paganizando. Muy a menudo surgían sectas o partidos que se enfrentaban entre sí con violentas querellas, a veces con efusión de sangre, en las que se discutía anárquicamente sobre la Santísima Trinidad, la esencia de Dios, la posición del Hijo o la naturaleza del Espíritu Santo.

EL NESTORIANISMO

En este contexto, se desató una fuerte polémica entre Nestorio (381-451), patriarca de Constantinopla, y Cirilo (374-444), patriarca de Alejandría. Nestorio, afirmaba que Jesucristo tenía dos personalidades, una divina y la otra humana, unidas ambas en una sola persona y que de la Virgen María únicamente había nacido la persona humana, que fue la que sufrió pasión y muerte. La naturaleza divina, el Verbo, venía directamente del Padre. Con ello demostraba que la Virgen María era la madre de Jesús, pero negaba que fuera la madre de Dios. Cirilo le conminó a retractarse y que se limitara a predicar la fe y no divulgara herejías a lo que Nestorio le respondió que ya estaba enseñando la fe, mientras que sus oponentes eran los herejes.

Cirilo escribió en doce párrafos las principales diferencias entre las enseñanzas doctrinales y lo predicado por Nestorio, amenazando con la excomunión a quien rechazara un solo párrafo. Nestorio, rechazó el texto entero y a su vez escribió su propia versión igualmente en doce párrafos, dando excomunión a quien no lo aceptase. Viendo Cirilo que el peligro iba en aumento, solicitó al Emperador Teodosio II *el Joven* (401-450), que interviniera para poner freno a la herejía.

Así fue como en el año 431 se convocó el Concilio de Efeso, III Ecuménico, presidido por el propio Cirilo y el obispo de Efeso, llamado Memnon. El día señalado para la apertura fue el 7 de junio, pero en esa fecha no habían

llegado aún la totalidad de los prelados que debían cons-
tituirlo. Se retrasó varios días la fecha inaugural hasta
que Cirilo, impaciente, decidió abrir la sesión el 22 de
junio sin la presencia de Nestorio ni la de los prelados
que simpatizaban con él. Ciento noventa y ocho prelados
se reunieron durante cinco días para estudiar, considerar
y fallar en torno al nestorianismo. Finalmente el veredic-
to de la Iglesia fue el siguiente: «Jesucristo, contra quien
ha blasfemado Nestorio, dispone por este santo sínodo
que el aludido sea excluido de la dignidad episcopal y de
toda comunión sacerdotal». En definitiva, reconocieron
como impías y heréticas las enseñanzas de Nestorio y le
condenaron al destierro en un oasis de Egipto. A su
muerte, sus enemigos dijeron que «su lengua blasfema
había sido comida de gusanos y que había escapado de
los ardores de un desierto egipcio, para caer en los mayores tormentos del infierno». Sin embargo, la caída y posterior muerte de Nestorio no enmudecieron sus opiniones.
Muchos de sus discípulos extendieron su doctrina por
Siria, Persia, Arabia, China y Egipto, arraigando tan fuer-
temente que el nestorianismo subsiste aún hoy en día.

Nos hallamos, pues, ante un primer distanciamiento
serio en el seno de la Iglesia Oriental. Las diferencias
entre Constantinopla y Alejandría, propiciaron la multi-
plicación de sectarios en todo el Asia Occidental.

MONOFISISMO

Apenas transcurridos veinte años de la condenación
de Nestorio, y para contrarrestar sus efectos, emergió con
fuerza una nueva doctrina tan radicalmente opuesta al
nestorianismo, que cayó en el error opuesto. Su fórmula
era la siguiente: una sola naturaleza, la divina; Jesucristo

es Dios verdadero pero no es un hombre como nosotros puesto que en él la naturaleza humana se ha «disuelto» en la divina. Fue Eutiques (387-454), superior de un monasterio de Constantinopla, quien formuló abiertamente esta tesis llamada monofisismo (en griego, *mone Phycis*).

La emperatriz Pulqueria, que había heredado el imperio tras la muerte de su hermano Teodosio II *el Joven*, junto con su esposo el emperador Marciano, convocaron en Calcedonia, en el año 451, el IV Concilio Ecuménico presidido por el obispo Anatoli de Constantinopla. Después de condenar la herejía de Eutiques, que también fue desterrado a Egipto, la asamblea decretó como dogma, que «*En Jesucristo se manifiestan dos naturalezas, sin confusión, sin cambio, sin división ni separación, unidas en una sola persona. Una divina, por ser Dios verdadero nacido de la eternidad del Padre, otra humana, pues se encarnó por obra del Espíritu Santo en la Virgen María*». También se introdujo la denominación «ortodoxo» (del griego, *ortho*, correcto y *doxa*, doctrina) para designar a los que aceptaban en su totalidad, sin modificación alguna, el credo Niceo-Constantinopolitano, así como los dogmas establecidos en los diferentes Concilios Ecuménicos. No obstante, el monofisismo arraigó en Egipto, Siria, Etiopía y Armenia, conservándose al igual que el nestorianismo, hasta nuestros días.

Pocos años después del Concilio de Calcedonia, aparecieron las grandes apostasías orientales. Muchos obispos se declararon disconformes con Calcedonia y no estaban dispuestos a obedecer en todo a los dictados del gobierno de Constantinopla.

El primer país en separarse de la Iglesia fue Egipto. Una gran mayoría de la Iglesia «copta» (cristiana de Egipto), se escindió abrazando el credo monofisita,

quedando reducidos a una minoría, llamados «melquitas» (fieles al emperador), los que siguieron adoptando
la fe del Concilio de Calcedonia. La incipiente Iglesia
abisinia, siguió los pasos de los escindidos coptos.
También la Iglesia siria, aún más numerosa que la egip-
cia, que contaba con más de doscientas sedes episcopales, se dividió en monofisitas y melquitas. Los cristianos
de Mesopotamia y Persia que dependían de Antioquía,
crearon su propio patriarcado siguiendo las tesis del
credo nestoriano.

Como podemos observar, el indicio de separación
que ya despuntaba unos años atrás, se estaba convirtiendo en un importante cisma en la Iglesia Oriental.

EL «HENOTIKON»

Con el afán de detener esa ruptura y procurar que las
iglesias disidentes se replantearan la situación, el emperador Zenón (426-491), en el año 482, encargó al patriarca de Constantinopla, Acacio, la redacción de un Edicto
de Unión (en griego *Henotikon*), en el cual, se volvían a
condenar las doctrinas de Nestorio y Eutiques pero, en
contraposición, se rechazaba el Concilio de Calcedonia y
sólo admitía como normas de fe lo dictado en el Concilio
de Nicea. Lejos de sus propósitos, sólo consiguió agravar
la situación. Los católicos ortodoxos, no podían aceptar
el *Henotikón* puesto que en él se desautorizaba el Concilio
de Calcedonia. Por su parte, los monofisitas de Egipto y
de Siria, tampoco lo aceptaron ya que condenaba a
Eutiques. El Papa de Roma Félix II (483-492) excomulgó
a su autor Acacio y con ello provocó el primer enfrentamiento serio entre Roma y Constantinopla, el llamado
Cisma de Acaccio. En el año 518, la ascensión al trono del

emperador Justino I (450-527) acabó con el cisma que había durado 36 años.

LAS INVASIONES

Desde principios del siglo v Europa se vio afectada por las llamadas «invasiones bárbaras». Ya sea por antiguos libros de historia partidistas, algún tipo de literatura (histórico-fantástica) y, cómo no, también por el cine a menudo nada riguroso, asociamos este fenómeno de las invasiones a salvajes tribus germánicas devastando a sangre y fuego el imperio romano, aniquilando su cultura y reduciéndolo todo a ruinas. Por el contrario, en los países del Norte nos hablan de «migraciones de pueblos», poderosos caudillos que ante la necesidad de expansión, recorrían Europa al frente de sus ejércitos librando victoriosas batallas contra los restos de un decadente y corrompido imperio con el fin de crear nuevos y vigorosos estados.

—— Lo cierto es que tribus germanas penetraron desde la zona escandinava en varias direcciones: los sajones se desplazaron hacia el mar del Norte tomando la provincia romana de Britania y fundando Inglaterra, los francos siguiendo el Rin se aposentaron en las Galias y fundaron Francia y los godos que recorrieron el Danubio fueron los que jugaron un papel decisivo en la caída del imperio de Occidente. Esta tribu, que sentía gran admiración y respeto por el Imperio Romano, en sus migraciones, ya se había ido infiltrando pacíficamente durante años en el imperio. Tanto es así que incluso muchos de sus miembros formaron parte de las legiones romanas fronterizas y fueron adiestrados en el arte de la guerra por los propios romanos.

Atila, al frente de un pueblo mongol llamado los hunos, arrasaba todo lo que encontraba a su paso en su camino hacia Occidente. Los godos, que como ya hemos apuntado sentían un gran respeto por todo lo romano querían adaptarse al estilo de vida del imperio y por ello se ofrecieron para actuar como barrera de contención, obteniendo de esta manera permiso para penetrar en el interior de las fortificaciones fronterizas. Pero muy pronto empezaron a surgir desavenencias entre godos y romanos. Las disputas condujeron al enfrentamiento y entonces los germanos demostraron que su caballería era superior a las fuerzas romanas, que sucumbieron ante los invasores. Como anécdota cabe señalar que a partir de ese momento empezó a declinar la importancia de la infantería en la guerra, cediendo su protagonismo a la caballería.

Por entonces, esta tribu se había dividido en dos grupos, los visigodos en Occidente y los ostrogodos en Oriente, siendo estos últimos los primeros «bárbaros» en convertirse al cristianismo. Alarico (370-410), rey de los visigodos, saqueó Roma en el año 410 y posteriormente Odoacro (434-493) depuso al último emperador Rómulo Augusto en el año 476 y asumió el título de rey de Italia. Este acontecimiento, según la mayoría de historiadores, marca el fin de imperio romano de Occidente. Por el contrario, Oriente mantuvo su parte del imperio mediante una política diplomática, firmando pactos, negociando concesiones y también pagando tributos, llegando gracias a ello a un buen entendimiento de colaboración con los ostrogodos.

JUSTINIANO I

Justiniano (482-565) había colaborado desde joven en las tareas del gobierno junto a su tío, el emperador

Justino I, hasta que en el año 527 fue nombrado sucesor y se le otorgó el poder. Su reinado entre los años 527 y 565 está considerado como la primera edad de oro del imperio bizantino. Su consigna fue «un imperio, una ley, una iglesia». Se casó con Teodora, una joven actriz de origen humilde, que con el tiempo se convirtió en una de las mayores figuras femeninas de la historia y que compartía sus mismos ideales de restablecer la unidad del antiguo imperio romano. Para ello Justiniano envió a su general Belisario, —que ya había sometido el norte de África que estaba bajo el poder de los vándalos—, hacia Roma, expulsando a los visigodos de Italia, que se afincaron definitivamente en España.

Justiniano no permitió la más mínima desviación de las normas cristianas ortodoxas clausurando la Academia de Atenas por ser foco de paganismo. Para él la Iglesia no era una institución que pudiera regirse por sus propias normas, sino que la consideraba como un departamento del Estado con funciones de gran importancia para el bien común. En el año 553 convocó el V Concilio Ecuménico, llamado II de Constantinopla, con el fin de condenar una vez más las herejías de Nestorio y Eutiques, reafirmando así lo dictado en el anterior concilio de Calcedonia.

Este emperador será recordado, entre otras cosas, por ser el creador de la recopilación sistematizada de todas las leyes romanas para su estudio e imitación, el llamado *Codex Iuris,* y por haber impulsado la construcción de la soberbia iglesia de Santa Sofía en Constantinopla.

ROMA Y EL PAPADO

Desde mediados del siglo v y debido a los constantes cambios, vicisitudes e invasiones que tuvo que soportar la parte Occidental del imperio, Italia había perdido su hegemonía, pero Roma, de alguna manera, continuaba siendo el centro del mundo. Tanto la Iglesia como su máximo representante, el Papa, fueron respetados por las distintas tribus invasoras, que más tarde o más temprano, acabaron abrazando la ortodoxia católica. Incluso el célebre saqueo a cargo de Alarico fue más un acto publicitario que efectivo.

Constantinopla era una ciudad mucho más poderosa, poseía la corte imperial y los altos magistrados del imperio, podía vanagloriarse de su arte, de su ciencia y de su comercio. Por el contrario, Roma sólo vivía del Papa. La Ciudad Eterna, se había convertido en una región casi desértica con muy pocos habitantes pero muy rica gracias a las continuas donaciones que había recibido la Iglesia. Poseía dominios por toda Italia e incluso fuera de ella gracias a las donaciones de antiguos emperadores. El Papa tenía su corte, su cancillería y su archivo, con funcionarios especializados, mantenía encargados de negocios en Constantinopla junto al emperador y delegados investidos de poderes especiales como vicarios papales en diversos países.

El Papa aún no era un jefe de estado. El único soberano era el emperador puesto que todos los demás príncipes y gobernantes, por muy poderosos que fueran, estaban sometidos al imperio. Esto era así incluso para el Papa quien, además de ser señor de Roma, ejercía la soberanía espiritual sobre la Iglesia entera.

MONOTELISMO

La larga disputa que desde hacía siglos se debatía en torno a la doble naturaleza de Jesucristo iba a ser nuevamente objeto de discordia.

A principios del siglo VII surgió el monotelismo, doctrina que admitía las dos naturalezas —la humana y la divina—, pero una sola voluntad —la divina—. Esta fórmula contentaba a los ya muy extendidos seguidores monofisitas que como recordaremos defendían que la naturaleza humana de Jesucristo se había disuelto en la divina.

Esta nueva herejía fue divulgada por el entonces patriarca de Constantinopla Sergio (¿-638) y apoyada por el emperador Heraclio (575-641) que en el año 638 promulgó una ley imperial, la *Ekthesis,* prescribiendo como regla de fe la fórmula monotelita. Este decreto obtuvo una fuerte protesta por parte del magisterio eclesiástico romano y jamás fue aceptado.

El emperador Constantino IV (648-685) convocó en el año 680 el VI Concilio Ecuménico, III de Constantinopla, llamado también *Trullanum* por haberse celebrado en una sala imperial rematada por una cúpula llamada *trullos.* Entre otras cuestiones, la doctrina monotelita fue declarada anatema y sus máximos representantes, ya fallecidos, fueron acusados de herejes.

Este Concilio repasó todas las normas dictadas en anteriores Concilios ratificándose en cada una de ellas y, en especial, la concerniente al canon 28 del Concilio de Calcedonia que otorgaba al patriarca bizantino jurisdicción sobre Oriente, norma que ya había sido rechazada en su día por Roma. Nuevamente el Papa Sergio I (¿-701) se negó a aceptarlo. El emperador envió a Roma una embajada para obligar al Papa a firmar por la fuerza el canon, y por la fuerza fue expulsada la comitiva. En esta ocasión no se llegó al cisma, pero las relaciones entre Bizancio y Roma eran cada vez más tirantes y el distanciamiento ya no se trataba solamente de una cuestión geográfica.

ICONOCLASTIA

La palabra icono proviene del griego *eicon* (presencia) y manifiesta la *hipostasis* (sustancia, esencia o naturaleza) de lo que representa. Así pues, el icono es una imagen cuya contemplación nos lleva al prototipo que representa y al mismo tiempo testifica su presencia. La belleza del icono no reside en su estética, sino en los sentimientos místicos que despierta.

Aclarado el concepto de icono, cuesta creer que una imagen desatara una disputa mucho mayor que ninguna de las causadas por las anteriores herejías. Una vez más, el promotor y protagonista fue el emperador.

León III *el Isáurico* (675-741) ordenó en el año 726 quitar de las Iglesias todas las representaciones plásticas de ángeles y santos, posteriormente extendió la orden a las imágenes de Jesucristo y de la Virgen María. Argumentaba el emperador que una imagen no podía transmitir la divinidad de Jesús y sólo podía captarse la naturaleza humana. Por ello quienes las veneraban incurrían en el error de los nestorianos. Este fue el inicio de la iconoclastia o destrucción de las imágenes.

La reacción de una gran parte de la iglesia oriental y la totalidad de la occidental fue enérgica y como respuesta, el emperador, haciendo uso del «cesaropapismo» (el estado es responsable de la religión y por tanto el emperador es la cabeza de la cristiandad), desató terribles persecuciones contra los partidarios de la veneración de las imágenes.

El Papa Gregorio III (¿-741) junto con los patriarcas de Alejandría, Antioquía y Jerusalén, condenaron la iconoclastia y el emperador, como represalia contra la sede romana, sustrajo a los obispos de Iliria, Sicilia y sur de Italia a la jurisdicción del Papa y los puso bajo la del patriarca de Constantinopla, incautando también los bienes que la Santa Sede poseía en dichas regiones.

Tras la muerte del emperador, su hijo y sucesor, Constantino V *Coprónimo* (718-775), continuó la lucha contra el culto a las imágenes llegando a reunir en el año 754 un sínodo que pretendía como Concilio Ecuménico para condenar dicho culto y para ello luchó enérgicamente hasta su muerte.

A instancias del Papa Adriano I (¿-795), la emperatriz Irene (752-803), que veneraba en secreto las imágenes, accedió a convocar un nuevo Concilio Ecuménico, el VII y último que celebró la Iglesia ortodoxa universal antes del gran cisma del año 1054. Este Concilio Ecuménico, II de Nicea, formuló 22 reglas canónicas y estableció el culto a las imágenes reivindicando que «*la veneración de los santos iconos implica su disposición junto con la honorabilísima y vivificante cruz del Señor dentro de las Iglesias para que los fieles eleven sus mentes y corazones hacia el Señor Dios, la Madre de Dios, y todos los santos en ellos representados*».

CARLOMAGNO

Carlomagno (742-814), en latín *Carolus Magnus* (Carlos *el Grande*) era hijo de Pipino *el Breve* (714-768), primer rey de Francia de la dinastía carolingia. Los cronistas de la época nos dibujan a Carlomagno como un hombre fuerte físicamente, valiente y resuelto, piadoso cristiano que sentía gran respeto por la cultura, a pesar de que él no la poseía, y que amplió considerablemente el reino de su padre.

A instancias del Papa Adriano I, en el año 773 se enfrentó y derrotó a los lombardos, pueblo germánico que había invadido Italia en el año 568, coronándose rey de los lombardos y anexionando sus territorios a su reino. Años más tarde cedió estos territorios al papado dando origen a los Estados Pontificios que no se unificarían con el resto de Italia hasta el año 1870.

Fascinado por Roma, quiso aplicar el mismo desarrollo cultural y artístico en su imperio creando diferentes escuelas a las que él mismo acudía junto a sus hijos. Su gran entendimiento y colaboración con el papado tuvo finalmente su recompensa y en la Navidad del año 800 fue coronado y consagrado, con gran sorpresa por su parte, emperador de los romanos por el Papa León III (750-816). Los historiadores, aún hoy día, siguen preguntándose qué motivó a la Iglesia a tomar esa decisión. Según unos, se debía al deseo de iniciar un nuevo imperio romano que fuera realmente «universal». Otros apuntan también a la creación de un fuerte imperio con el fin de poder hacer frente al imperio bizantino desviado de la «verdadera fe», y unos últimos apuestan por el intento de afianzar el dominio de los francos sobre el mundo cristiano occidental. ¿Quién posee la verdad? Es difícil saberlo puesto que las crónicas de la época que se han conservado son muy escasas y escuetas, explicándonos los hechos de modo muy diverso. Lo cierto es que la idea de una cristiandad política y espiritual unida bajo un solo soberano iba adquiriendo forma.

Las conquistas de Carlomagno, aclamadas tanto por franceses, alemanes e italianos hicieron realidad el sueño de la unión tras haber derrotado a los sajones, obligándoles a abrazar la fe cristiana. Con ello toda Europa Central quedaba unida a la cristiandad, al tiempo que Italia pasaba también a formar parte del imperio y el papado quedaba bajo su dominio. De esta manera, Carlomagno fue el creador del sacro imperio romano-germánico que duró mil años, hasta los días de Napoleón.

Al extenso imperio de Carlomagno que estaba integrado por Francia, Italia y regiones de la Europa Central, hay que añadirle las zonas fronterizas militarizadas, las llamadas marcas, entre ellas la famosa Marca Hispánica, que limitaba al mundo árabe y que con el tiempo daría origen a Cataluña.

Carlomagno murió en el año 814 a los setenta y dos años de edad en Aquisgrán. Como nos ha demostrado siempre la historia y la vida, todo es efímero y este gran imperio fue decayendo y cambiando de fisonomía paulatinamente en manos de sus herederos. Pero la figura del gran Carlomagno se agigantó y se fue haciendo legendaria año tras año, dando origen a numerosas leyendas populares que cantaban sus hazañas, siendo la más conocida y valorada la «Chanson de Roland», compuesta en el siglo XI.

CISMA DE ORIENTE

Como ya hemos apuntado en los inicios y demostrado a lo largo de este capítulo, el camino hacia la unidad no sería un camino de rosas. Prácticamente desde el inicio de la era cristiana, la Iglesia había sufrido herejías y escisiones continuamente, pero la que sin duda tuvo mayor repercusión fue el gran Cisma de Oriente, que provocó la secesión de una gran mayoría de cristianos y que acabaría dando lugar a la Iglesia Ortodoxa. Esta ruptura, que todavía perdura, no se produjo de manera repentina. Por el contrario, se gestó de manera gradual y sus causas más remotas deben buscarse a lo largo de los siglos anteriores.

Aparte de las obvias diferencias entre Occidente y Oriente (idioma, ritos, costumbres...), en la base del Cisma podemos destacar el conflicto existente entre los patriarcas. Teóricamente todos los obispos eran iguales, aunque los de Roma, Antioquía, Alejandría, Jerusalén y Constantinopla gozaban de mayor prestigio; sin embargo, en la práctica era el obispo de Roma el que ostentaba la supremacía, y esto era motivo de enojo para los patriarcas orientales. Por su parte, en Oriente sería el patriarca de Constantinopla, auspiciado por el emperador, el que se alzaría por encima del resto oponiéndose a Roma.

Otro de los motivos de la separación debe buscarse en la relación entre Iglesia y Estado. En Oriente era el emperador el que controlaba la Iglesia, respondiendo al concepto de «cesaropapismo». Por el contrario, en Occidente, la religión se había desarrollado de manera independiente de las estructuras políticas.

Las controversias doctrinales también aportaron su grano de arena en el Cisma. Mientras la Iglesia oriental continuaba con la tradición griega y sus intereses tendían a lo espiritual, abstracto y metafísico, la occidental se decantaba por aspectos más pragmáticos y se preocupaba más de la naturaleza del hombre que de la de Cristo.

Otra de las disputas se estableció en torno al asunto del *filioque*. En el Concilio de Constantinopla de 381 se publicó un credo en el que se hacía referencia al Espíritu Santo como procedente del Padre. Sin embargo, en el año 589, otro concilio, no ecuménico, celebrado en Toledo, añadió la expresión «y del Hijo» (*filioque*). Como quiera que Carlomagno en el siglo IX aprobase el cambio, las Iglesias orientales reaccionaron condenando a las occidentales de tomar decisiones sin discusión previa o sin celebrar un concilio ecuménico.

Y por último, uno de los asuntos menores y de orden doméstico que colaboró en el distanciamiento entre Oriente y Occidente fue el relacionado con el celibato del clero, obligatorio en Occidente pero no en Oriente, donde estaba y está permitido que los religiosos puedan contraer matrimonio. Otra diferencia, también de orden doméstico, estriba en que el clero Occidental puede elegir entre afeitarse o no, mientras sus colegas de Oriente deben llevar barba por fuerza. La lista de pequeñas diferencias entre ambas Iglesias sería interminable, pero baste señalar el uso del griego en una parte del imperio o del latín en la otra para la celebración del rito, que ya de por sí era muy diverso en ambas Iglesias, y que provocó entre otras cosas problemas de malentendidos y confusión en una época en la que apenas existían gramáticas o diccionarios y en la que la gente no hablaba idiomas extranjeros.

Toda esta acumulación de conflictos a lo largo de los siglos entre Oriente y Occidente, más las que hemos revisado a lo largo del capítulo, hicieron que la rivalidad y el rencor se incrementase y desencadenara la definitiva separación. Pero veamos antes cuales fueron los dos últimos acontecimientos que prendieron la mecha.

Regía la sede romana el Papa Nicolás I (820-867) y era Patriarca de Constantinopla el obispo Ignacio. Se trataba, este último, de un hombre muy piadoso, abad de uno de los innumerables monasterios existentes en la ciudad y obstinado en sus decisiones. En la fiesta de Epifanía del año 857 negó públicamente la Sagrada Comunión a un tío del emperador Miguel III (839-867) que vivía licenciosamente con su propia nuera. Ello motivó su deposición y destierro acusado de haber traicionado la confianza del emperador.

Nombró éste como nuevo patriarca a un miembro de la corte imperial, laico, oficial mayor de su guardia, llamado Focio (820-891), hombre culto y erudito, que en cinco días recibió todas las órdenes sagradas de manos de un obispo poco amigo del depuesto patriarca.

Quiso Focio recibir la confirmación del Papa Nicolás I, persona muy enérgica, muy consciente de su rango primacial, dispuesto a hacer valer su autoridad en Oriente y Occidente. Conocedor del caso por los informes que le había enviado el depuesto Ignacio, envió a Constantinopla a sus legados con instrucciones muy concretas y facultades muy precisas para no aceptar el nombramiento. Parece que no se ajustaron éstos a los poderes recibidos y, en vez de deponer a Focio y restituir a Ignacio como indicaban sus instrucciones, se dejaron ganar por los alegatos del intruso, al que confirmaron como Patriarca de Constantinopla en un Sínodo habido en la ciudad el año 861.

Al conocer el Pontífice la deslealtad de sus legados, les excomulgó, pena que hizo extensiva al emperador y al Patriarca. Ello originó la ruptura de éstos con el Papa y el rechazo de la primacía papal, a lo que añadieron la excomunión y deposición del mismo Papa por parte del ilegítimo patriarca.

Ciertamente no fueron muchos los años que duró el Cisma de Focio, del 858 al 867, pues al ser derrocado el emperador Miguel III por el macedonio Basilio I (812-886), fue depuesto y restituido en su sede el legitimo patriarca Ignacio.

Con todo, la capacidad de intriga de Focio era tan asombrosa que logró granjearse de nuevo la confianza de Basilio I y ser restituido por éste en la sede patriarcal tras la muerte de Ignacio, ahora con el beneplácito del Papa Juan VIII (820-882). Sin embargo, conocidas sus intrigas por el nuevo emperador, León VI (866-911), fue depuesto y enviado a un monasterio donde murió diez años más tarde.

El Patriarca Antonio Kauleas, que le sucedió, restableció en un Sínodo la unión total con Roma, repuso el nombre del Papa en los dípticos de la Misa y renovó unas relaciones que ya siempre serían frías y protocolarias, origen de fricciones continuas, nacidas también por la política antibizantina del imperio carolingio, aliado del Papa.

Nos ocupamos, por último, del suceso definitivo. Regía la sede romana el Papa León IX (1002-1054), hombre recto, patrocinador de la reforma eclesiástica iniciada en el monasterio de Cluny, y defensor de la primacía papal. El patriarcado de Constantinopla estaba en manos de Miguel Cerulario (1000-1058), hombre de escasa formación teológica y que observaba tal antipatía morbosa por todo lo occidental y sus instituciones —con especial incidencia hacia la iglesia romana—, que le llevó reiteradamente a acusar de hereje al Papa por hechos más relacionados con la disciplina litúrgica que con las cuestiones teológicas. Quiso León IX solucionar los continuos roces y conflictos y envió una delegación a Constantinopla, encabezada por el monje Humberto, su consejero. Pero al parecer no estuvo afortunado en la elección del mediador, cuya aversión hacia lo bizantino era manifiesta. Se presentó en Constantinopla dispuesto a proclamar la autoridad pontificia, pero en ningún caso a dialogar. Redactó una bula conminatoria, con un lenguaje nada diplomático y, sin entrevistarse con el Patriarca, la depositó sobre el altar de la iglesia patriarcal y se volvió a Roma, tras haber lanzado excomuniones a todos los jerarcas bizantinos. El Patriarca le devolvió la moneda excomulgando, a su vez, al Papa y a sus legados y rompiendo toda relación con Roma.

La Biblia, compuesta por el Antiguo y el Nuevo Testamento es el referente de estudio y de acción en el cristianismo, siendo además, su libro sagrado.

Corría el año 1054 cuando ocurrieron estos hechos que propiciaron el cisma que todavía hoy rompe la unidad de la Iglesia.

TABLA CRONOLÓGICA DE LOS CONCILIOS ECUMÉNICOS ANTERIORES AL CISMA

Año	Concilio -I-
325	I Nicea
381	I Constantinopla
431	III Efeso
451	IV Calcedonia
553	V Constantinopla (II)
681	VI Constantinopla (III)
787	VII Nicea (II)

LAS CRUZADAS

Entre los siglos XI y XIII, un gran número de gentes de toda condición se lanzaron voluntariamente desde Europa Occidental hacia lo que hoy conocemos como Oriente Próximo para reconquistar los «Santos Lugares». A las ocho expediciones religioso-militares que, contra el mundo musulmán, se llevaron a cabo entre los años 1096 y 1270, se las conoce como «Las Cruzadas».

En el transcurso de los casi ocho siglos que nos separan de la última cruzada, se han barajado múltiples y variadas razones para explicar el por qué de aquellas expediciones. Una de las primeras y más arraigadas versiones se basó en la profunda religiosidad que imperaba en la época medieval. Según las conclusiones de algunos historiadores, las cruzadas sólo obedecieron al deseo de arrebatar a los musulmanes la ciudad de Jerusalén, el Santo Sepulcro y otros lugares sagrados de Palestina. Se trataría, pues, de recobrar para la fe cristiana las tierras donde había nacido Jesucristo y donde, según el Evangelio, había transcurrido su vida. La manera de conseguir este objetivo era luchar contra el Islam. El mundo tenía que ser regido por el Evangelio y no por el Corán. La «cruz» contra la «media luna».

La segunda versión más extendida se construyó sobre una interpretación más crítica de los documentos revisados y con el apoyo de datos más recientes. Esta nueva lectura de la historia desestimó los argumentos idealistas y centró sus análisis en la realidad económica y social de la época para llegar a la conclusión de que el motivo principal que generó las cruzadas debe buscarse en el capítulo de la expansión y de los intereses comerciales: aduciendo motivos políticos, la nobleza feudal habría convencido al papado para organizar las expediciones y defender su hegemonía sobre las monarquías y las iglesias de Oriente.

Lo cierto es que al término de las cruzadas, la cristiandad oriental continuó bajo el dominio musulmán y las nuevas vías de comercio que se abrieron habían costado la muerte de millones de personas.

ANTECEDENTES

Para poder comprender un poco mejor el fenómeno de las cruzadas, es conveniente observar qué estaba ocurriendo en el mundo en los años inmediatamente anteriores.

A principios del siglo XI, Constantinopla, gobernada por el emperador Basilio II, era la capital del Imperio Bizantino y la ciudad más poderosa del mundo conocido. Situada en una posición estratégica fácilmente defendible, no existió enemigo cercano a sus fronteras que no fuera aniquilado. Tras la muerte de Basilio II otros monarcas, menos competentes pero con el mismo esplendor, ocuparon el trono bizantino.

Los turcos, tribus nómadas que provenían del Asia Central y que se habían convertido al Islam, habían avanzado hacia Palestina y en el año 1070 entraron y tomaron la ciudad de Jerusalén. Una de esas tribus, los seljúcidas, se lanzó contra el «infiel» imperio de Constantinopla. Un año después de la toma de Jerusalén, en la batalla de Manzikert, las tropas turcas derrotaron al ejército imperial y los bizantinos debieron ceder gran parte de Asia Menor. Estos hechos conmocionaron tanto a la Europa oriental como a la occidental, dos iglesias cristianas que ya habían roto sus relaciones en el año 1054.

Las noticias que llegaban a Occidente por medio de los cristianos que habían peregrinado a Tierra Santa eran desalentadoras puesto que sólo mencionaban las grandes dificultades con las que habían tropezado durante su viaje. Sus relatos hablaban de violencia, muerte y otros horrores cometidos por las autoridades turcas.

En este contexto, y con el fin de contener la presión turca que ya amenazaba a la propia Constantinopla, el emperador bizantino Alexio Commeno pidió ayuda a Occidente. El emperador albergaba la esperanza de recibir un gran ejército de mercenarios con el que hacer frente al poderío turco.

Producto de esta demanda y de los anhelos de la nobleza occidental, el Papa Urbano II empezó a considerar el proyecto de organizar una expedición a Tierra Santa. Era un ambicioso plan que, sin duda, le reportaría beneficios en varios sentidos: por un lado, resolvería el permanente estado de guerra que mantenía la aventurera pequeña nobleza en distintas regiones de Europa; por otra parte, contendría el peligro islámico que se estaba convirtiendo en una amenaza para Occidente; en tercer lugar, quizás propiciaría un futuro entendimiento entre las iglesias griega y latina al auxiliar al imperio bizantino, circunstancia que atraería a los cismáticos hacia el poder papal.

La ciudad francesa de Clermont fue el lugar elegido por Urbano II para celebrar el concilio que tenía que sellar la cruzada. El concilio trató cuestiones habituales, pero ya antes de su desarrollo se filtraron rumores de que ocurriría algo solemne y extraordinario.

El 27 de noviembre de 1095, al terminar las deliberaciones comunes en esta clase de encuentros, Urbano II se dirigió a la enorme multitud allí reunida e instó a los fieles a tomar las armas contra los turcos. En su intervención prometió la remisión de los pecados a todos aquellos que fuesen en peregrinación armada a Palestina e intentaran la conquista de los Santos Lugares:

> «...*Quienes lucharon antes en guerras privadas entre fieles, que combatan ahora contra los infieles y alcancen la victoria en una guerra que ya debía haber comenzado; que quienes hasta ayer fueron bandidos se hagan soldados; que los que antes combatieron a sus hermanos luchen contra los bárbaros...*» (Urbano II. Concilio de Clermont-Ferrand).

Se acordó que la expedición partiría al verano siguiente. Fueron muchos, y no sólo guerreros, los que al grito de «¡Dios lo quiere!» se hicieron coser en su pecho una cruz roja de tela como símbolo y emblema de la peregrinación.

Gentes de todo lugar y condición se dispusieron a dejarlo todo para sumarse a tan magna empresa. Miles de campesinos vendieron sus reducidas pertenencias para adquirir armas y sumarse a la cruzada. Muchas familias estaban decididas a partir juntas, abandonándolo todo.

Estaba claro que no se estaba preparando una sola expedición, sino varias a la vez. Habría una cruzada «oficial», la organizada por la nobleza y coordinada por el Papa, y, en paralelo, otras cruzadas «populares» surgidas de la espontaneidad y caracterizadas por una absoluta falta de organización y disciplina.

Entre las «populares», la más importante fue la que promovió un personaje tan oscuro como cautivador llamado Pedro *el Ermitaño*. Era un monje de Flandes que iba descalzo y vestía pobremente, pero su retórica convenció y arrastró a las multitudes fanáticas. Su enardecido discurso logró formar un andrajoso ejército compuesto por campesinos, burgueses, miembros de la nobleza menor, ladrones, maleantes y prostitutas. Se calcula que bajo su mando partieron hacia Constantinopla entre veinte y veinticinco mil personas.

Grandes fueron las atrocidades que estos «soldados» cometieron durante su viaje hacia la Ciudad Santa. Tras sus huellas dejaron un rastro de muerte, saqueos, pillaje y barbarie.

Cuando finalmente llegaron a Constantinopla, el emperador Alexio que ya había sido advertido de sus atropellos, se deshizo rápidamente de ellos enviándoles a Asia Menor. Su propósito no era otro que el de facilitar su exterminio a manos de los turcos. En efecto, el «ejército del pueblo», que así gustaban en proclamarse, fue emboscado, derrotado y aniquilado. Los que tuvieron más suerte acabaron vendidos como esclavos. Este fue el desastroso final de la cruzada popular de Pedro *el Ermitaño*.

PRIMERA CRUZADA (1096-1100)

Tal como se acordó en el Concilio de Clermont, en agosto de 1096 partió hacia Tierra Santa la cruzada «oficial» que, por razones de logística y estrategia, se dividió en cuatro grupos.

El ejército más importante fue el que comandó Raimundo de Saint Gilles, que ya tenía experiencia de lucha contra los musulmanes. Este ambicioso personaje aspiraba a convertirse en el máximo caudillo de la cruzada. Le acompañaba como representante del Papa, Adhemar, obispo de Le Puy. La ruta escogida pasaba por Italia, costa adriática y se internaba hacia el sur por territorio bizantino. Llegaron a Constantinopla en abril de 1097, no sin haber sufrido durante su viaje algunos problemas de disciplina ocasionados por los saqueadores.

El segundo grupo de cruzados lo mandó el vanidoso Hugo de Vermandois, hermano del rey de Francia. Hizo gran parte del trayecto por mar con la intención de desembarcar en Dyrrhachium y hasta allí envió un legado para avisar al gobernador de su llegada triunfal. Sin embargo, el barco naufragó poco antes de alcanzar su destino. El orgulloso Hugo de Vermandois salvó la vida de milagro.

Otro contingente de este segundo grupo fue capitaneado por Godofredo de Bouillon, que eligió la misma ruta que había utilizado la cruzada de Pedro *el Ermitaño.* Se trataba de un ejército disciplinado y con suficiente intendencia como para hacer frente a los eventuales gastos del viaje. No obstante, también tuvieron sus problemas y percances con los distintos reinos que cruzaban, al recordar éstos los desmanes y atropellos que habían sufrido de manos de la cruzada «popular».

El tercer cuerpo expedicionario fue el de Bohemundo de Tarento, cuya participación en la cruzada se proclamó mediante un espectacular golpe de efecto: hizo tiras su rica capa escarlata para que de ella se confeccionaran las cruces que lucirían sus capitanes. Sin más novedades, acampó con su ejército ante los muros de Constantinopla en abril de 1097.

El cuarto grupo fue el de Roberto de Flandes, Roberto de Normandía y Esteban de Blois. La expedición embarcó en Brindisi con poca fortuna puesto que la primera nave naufragó nada más zarpar. Se consideró de buen agüero, sin embargo, que los cadáveres que devolvía el mar presentasen la marca de una cruz en la piel.

Por fin se reunieron todos los grupos en las afueras de Constantinopla. En total, unos cuatro mil caballeros y más de veinticinco mil soldados de a pie. No fue nada fácil la convivencia entre griegos y latinos (Oriente y Occidente). Los griegos (bizantinos) se sabían superiores a los latinos pero a pesar de ello necesitaban su ayuda militar. Los latinos, por su parte, adolecían de un cierto complejo de inferioridad ante aquella refinada cultura. Sirva para calibrar aquella difícil coexistencia la anécdota narrada por un cronista de la época que explica como uno de los rudos soldados de Occidente, quebrantando todas las normas de ceremonia de la corte bizantina, llegó a sentarse en el trono del emperador «para probarlo». Estos detalles escandalizaban a los griegos aumentando así el desprecio que sentían hacia los latinos.

Pero el mayor problema que tenía Alexio, emperador de Bizancio, era de orden práctico. Necesitaba la actuación de los ejércitos enviados para recuperar los territorios de Asia Menor, pero el fin último de los jefes cruzados era entregar al Papa los territorios conquistados. Con mucha diplomacia y magníficos regalos, Alexio consiguió ir convenciendo a los líderes de la cruzada para que, mediante juramento, se comprometieran a devolver a Bizancio todos los territorios que conquistaran y hubieran pertenecido a su imperio.

Superadas en gran parte las diferencias que existían entre griegos y latinos, se inició la marcha sobre Jerusalén, motivo principal de la expedición. Para alcanzar el objetivo tenían que abrirse paso a través de Asia Menor, que estaba en poder de los turcos. Expulsarles de estos territorios era la mayor ambición del emperador Alexio.

NICEA

El ejército avanzó hacia Nicea pasando sin mayores problemas por Cibotus y por el desfiladero donde había sido aniquilada la cruzada «popular». La facilidad con la que fue eliminado aquel desorganizado grupo hizo que el sultán turco Kilij Arslan I, gobernador de Nicea, infravalorara las posibilidades del nuevo contingente militar que se aproximaba. Este error de estimación provocó que las tropas del sultán fueran estrepitosamente derrotadas en las puertas de Nicea. Sobre el terreno se demostró que Kilij Arslan I se había confiado demasiado y que esperaba encontrarse con una chusma tan mal armada como la de Pedro *el Ermitaño*. Su suerte quedó echada cuando comprobó que ante sí tenía a un importante grupo de guerreros profesionales.

Nicea se rindió y fue entregada puntualmente a los bizantinos, puesto que había pertenecido a su imperio.

ANTIOQUÍA

La siguiente etapa de la expedición camino de la Ciudad Santa era Antioquía. El sultán, conocedor del desastre de Nicea, reunió un poderoso ejército para, presuntamente, asegurarse la victoria. Escogió el paso de Dorilea para el enfrentamiento.

Bohemundo de Tarento, al mando de la mitad del ejército, fue el primero en alcanzar Dorilea. Aguardó la llegada del resto de las fuerzas que comandaba Godofredo de

Bouillon para hacer frente a las huestes que les estaban esperando. La carga general contra los turcos terminó en una carnicería de proporciones dantescas.

Después del combate, el camino hacia Antioquía quedaba abierto pero las caracterísicas naturales de la zona se encargaron de suministrar más obstáculos entre los cruzados y su objetivo: grandes desiertos y caminos imposibles exigieron un alto tributo de hombres y animales. Los caballos no resistían, muchos caballeros tenían que ir a lomos de bueyes o a pie. Otros abandonaban sus armas incapaces de seguir soportando su peso. El hambre y la sed hacían presencia entre los expedicionarios.

Después de múltiples y penosas dificultades, llegaron a divisar Antioquía. Esta populosa ciudad era el centro del comercio bizantino y musulmán. Sus poderosas murallas estaban reforzadas por 450 torres.

Los cruzados sitiaron la ciudad dispuestos a soportar las privaciones de un largo asedio. Afrontaron el invierno, las lluvias y, sobre todo, el hambre. Las deserciones se sucedían.

Esteban de Blois con su ejército de francos se retiró desilusionado de la empresa. En su camino de regreso tropezó con el emperador Alexio que acudía con su ejército al sitio de Antioquía. Después de escuchar los informes de Esteban de Blois, el emperador concluyó que ya era demasiado tarde para auxiliar a los cruzados. Ordenó marcha atrás y los dejó abandonados a su suerte. Los cronistas acusaron de cobardía a Esteban de Blois y a todos aquellos que se desentendieron del asedio.

Bohemundo de Tarento estaba empeñado en conseguir Antioquía para él. Tras la retirada del ejército de Alexio, los cruzados se sintieron traicionados y, por tanto, desligados del juramento que hicieron en Constantinopla. Si Antioquía caía en sus manos no la entregarían a

Bizancio, acuerdo que favorecía los intereses de Bohemundo. Pero la misión no era fácil. De hecho, resultaba totalmente imposible conquistar la ciudad mediante el simple uso de la fuerza. Ante tales expectativas, Bohemundo se propuso conseguirla por otros caminos.

Pactó secretamente con uno de los capitanes que defendía la ciudad. Este capitán, llamado Fiuroz, era un cristiano armenio convertido al Islam que, descontento con los turcos, aceptó colaborar con los cruzados a cambio de una fuerte compensación económica. Les ayudó a salvar aquellas infranqueables murallas y así cogieron desprevenidos a los turcos, que no pudieron organizarse. La lucha se prolongó durante dos días. Las matanzas y el saqueo fueron absolutos.

Tras la victoria, pronto se intercambiaron los papeles. Los sitiadores pasaron a ser sitiados y viceversa. El ejército turco de Karbugah decidió recuperar la ciudad. La situación de los cruzados volvía a ser crítica. El hambre, la escasez de tropas debida a las luchas y a las deserciones, y las continuas rencillas entre los distintos líderes, no les permitía afrontar con éxito la situación.

Pero los acontecimientos dieron un vuelco inesperado. En la catedral de Antioquía y a instancias de un hombre llamado Pedro Bartolomé que afirmaba recibir en sueños los consejos de San Andrés, se descubrió la Santa Lanza que había atravesado el costado de Cristo en la cruz. Como es de suponer, la excitación del ejército cruzado ante el hallazgo de la reliquia fue enorme. A partir de entonces, los mensajes que San Andrés propiciaba en sueños al llamado Pedro Bartolomé, tuvieron el valor de un oráculo aunque, curiosamente, aquellos consejos casi siempre coincidían con los anhelos y opiniones que expresaban quienes lideraban a los cruzados.

Una nueva indicación y deseo de San Andrés propició que el ejército saliera de la ciudad y se enfrentara a los sitiadores. Los cruzados, favorecidos por el progresivo debilitamiento de las fuerzas turcas —tampoco se libraron éstas de las deserciones y de los enfrentamientos internos— no tuvieron excesivas dificultades para salir victoriosos del combate.

Antioquía quedaba definitivamente en manos de los cruzados y fue repartida entre sus jefes.

Pronto la tropa empezó a impacientarse porque ansiaba llegar a Jerusalén, el último objetivo propuesto. No entendían el retraso que sufría la empresa. Lo cierto es que los responsables de poner en marcha la operación desconfiaban de sus posibilidades: con sólo mil caballeros y cinco mil soldados de a pie, que era el resto del ejército cruzado, resultaría más que complicado poder tomar la Ciudad Santa.

JERUSALÉN

No pudiendo demorar por más tiempo la toma de decisiones, finalmente se emprendió la marcha hacia el Sur. Al ejército cruzado se le unieron los de Tancredo y Roberto de Normandía y, más tarde, los de Godofredo y Roberto de Flandes.

Camino de Jerusalén, atravesaron el territorio del emir de Shaizar. A cambio de provisiones y guías, el recorrido se efectuó pacíficamente.

El 7 de junio de 1099, los cruzados derramaron lágrimas de emoción cuando, por fin, avistaron Jerusalén. Pero entrar en ella no iba a ser tarea fácil. La ciudad se había preparado a conciencia para repeler el ataque de los invasores. Estaba muy bien defendida por excelentes fortificaciones y en ella había reunido un aguerrido ejército bien armado y alto de moral.

Para evitar traiciones y mayores conflictos, los cristianos que vivían en Jerusalén fueron expulsados y los pozos cercanos a la ciudad, fueron cegados o envenenados.

Los primeros intentos de asalto fueron neutralizados por los musulmanes y ocasionaron grandes pérdidas en el ejército cruzado. El hambre, la sed, el sofocante calor y la impotencia, comenzaron a minar la moral y la confianza de los soldados.

Dos gigantescas torres de madera con ruedas, tan altas como las murallas, fueron empujadas hacia la ciudad fortificada. La operación tardó dos días en completarse. Al fin, grandes plataformas cayeron sobre el muro a modo de puentes y los cruzados asaltaron las murallas. La lucha en los sectores invadidos fue brutal y despiadada, pero los asaltantes consiguieron hacerse con un tramo de muralla que daba acceso a una puerta por donde entró el grueso del ejército. La lucha continuó por calles y plazas hasta que el gobernador musulmán negoció su libertad y la de sus allegados a cambio de un elevado rescate. Ellos fueron los únicos supervivientes de la masacre:

> «A la población de la Ciudad Santa, los cristianos la pasaron a cuchillo y estuvieron matando musulmanes durante una semana. En la mezquita al-Aqsa mataron a 60.000 personas. A los judíos los reunieron y encerraron en su sinagoga y allí los quemaron vivos» (Ibn al-Attir, cronista de la época).

El 29 de julio de 1099, el Papa Urbano II moría en Roma, nunca llegó a saber que Jerusalén pertenecía por fin a la cristiandad.

Esta primera cruzada fue la más importante de las ocho que se llevaron a cabo y la única que consiguió sus objetivos. Las demás no tuvieron las mismas motivaciones ni por supuesto los mismos logros. La historia nos las presenta más bien como fracasos.

SEGUNDA CRUZADA (1147-1149)

Edesa era una importante ciudad cristiana donde se había encontrado la «sábana santa». En el año 1144 pasó a manos musulmanas al ser conquistada por el caudillo Zengui, circunstancia que propició el inicio de una nueva cruzada. En esta ocasión, la encabezaron Luis VII, rey de Francia, y el emperador alemán, Conrado III. Ambos actuaron bajo la influencia de Bernardo de Claraval, monje fundador de la abadía de Claraval que predicó en Francia la segunda cruzada. La expedición se organizó concienzudamente en el transcurso de tres años. Finalizados los preparativos, las fuerzas cristianas aún tardaron meses en desplazarse a Tierra Santa. En aquellos momentos nadie podía llegar a sospechar que motivos no siempre militares les acabarían condenando al fracaso.

De entrada, los ejércitos francés y alemán fueron vencidos por separado en Dorilea y Laodicea. Más tarde unificaron sus maltrechas fuerzas y organizaron dos campañas contra Damasco, que finalizaron con un rotundo fracaso. Sin embargo, las razones de fondo que explican el desastre de esta cruzada apuntan hacia varias direcciones. Por una parte, cabe destacar la escasa o nula colaboración que se brindaron entre sí los dos grandes ejércitos combatientes. A esta falta de entendimiento debe añadirse la desconfianza que inspiraba el emperador de Bizancio, Manuel Commeno, a causa de su peculiar política de alianzas. La estrategia del emperador permitía sellar pactos tanto con «amigos» como con «enemigos», aspecto que en última instancia provocó miles de muertes innecesarias debido a los errores tácticos que se cometieron durante la travesía del territorio que separaba Bizancio de los turcos.

TERCERA CRUZADA (1189-1192)

El Papa Gregorio VIII hizo un nuevo llamamiento a la Europa cristiana para liberar Jerusalén, reconquistada en el año 1187 por Saladino. La respuesta que obtuvo fue masiva, acudiendo Federico I Barbarroja del Sacro Imperio Romano Germánico, que partió inmediatamente por tierra, el rey francés Felipe II Augusto y el monarca inglés Ricardo I *Corazón de León*, que lo hicieron por mar.

Federico I nunca llegó a alcanzar el objetivo propuesto ya que murió ahogado en un río de Anatolia y su ejército, tras disgregarse, terminó regresando a su país de origen.

Los otros dos ejércitos infligieron en un principio algunas derrotas menores a Saladino, pero la enemistad entre Ricardo y Felipe motivó que este último decidiera abandonar la causa y emprendiera el viaje de vuelta a Francia.

La conquista de Jerusalén acabó siendo un fracaso, pero Saladino y Ricardo, el 3 de septiembre de 1192, firmaron un armisticio de cinco años según el cual los cristianos conservarían la franja costera que iba desde Tiro hasta Joffa y sería libre la entrada de peregrinos cristianos a Jerusalén.

CUARTA CRUZADA (1202-1204)

Esta cruzada está considerada como la más polémica de todas y la que más afinidad ha suscitado entre los historiadores al afirmar que no sólo distanció a la cristiandad latina de la griega, sino que además infringió un golpe mortal al corazón de Bizancio.

En el año 1200, a instancias del conde Teobaldo de Champaña, el Papa Inocencio III aceptó el compromiso de comenzar los preparativos de una nueva cruzada. En esta ocasión, y tras la muerte de Teobaldo de Champaña, los expedicionarios fueron acaudillados por Bonifacio de Montferrato y Balduino de Flandes, a los que más tarde se sumaría Enrique VI de Alemania.

En varias ocasiones se reunieron los jefes cruzados para procurar no caer en los errores cometidos por las dos anteriores cruzadas y elaborar un plan que les llevara, con las máximas garantías de éxito, a la conquista de los Santos Lugares. En estos encuentros, se acordó atacar Egipto, que estaba en manos del poder árabe.

Ricardo I *Corazón de León*, a su regreso de la Tercera Cruzada ya había apuntado la importancia logística y estratégica que supondría la ocupación de la, según él, vulnerable Egipto, y desde allí llegar por mar a Tierra Santa, ahorrándose las largas y penosas marchas terrestres, que bajo el continuo hostigamiento turco tenían que soportar los ejércitos cruzados.

Venecia fue el lugar elegido para, desde allí, transportar al contingente cruzado por mar hasta Egipto. Esta ciudad-estado que había formado parte del imperio bizantino, era la más importante del Mediterráneo desde que el emperador Alexius I les otorgó libre acceso, sin pago de tasas, a todos los puertos del imperio.

En junio de 1202 todos los ejércitos participantes se concentraron en Venecia para partir hacia la gloria o la muerte, sin sospechar el gran giro que iba a dar esta Cuarta Cruzada.

Los venecianos impusieron un elevado precio por el avituallamiento y la flota que debía transportar y proteger a los cruzados. Como no había suficiente dinero para pagar estos servicios, el *dux* de Venecia, Enrico Dándalo, se comprometió a llevarles a Egipto a cambio de que antes le ayudaran a conquistar Constantinopla, centro de la cristiandad ortodoxa. Obedeciendo a intereses personales, el *dux* hacía tiempo que perseguía aquel objetivo pero hasta entonces jamás pudo emprenderlo por falta de tropas.

En julio de 1203 los cruzados y venecianos llegaron a las puertas de Constantinopla en un momento en que enfrentamientos internos e intrigas palaciegas habían descuidado la defensa de la ciudad. Su mítica doble muralla estaba únicamente protegida por mercenarios sin excesivo interés en defenderla.

Tras un breve sitio, la ciudad capituló sin demasiada resistencia. No parecía en principio que fueran a estallar grandes actos de violencia.

Sin embargo, los venecianos reclamaron el derecho a obtener tres días para saquear a su antojo, derecho al que también se acogieron los cruzados. Ebrios de codicia y salvajismo, unos y otros, se dedicaron a robar, incendiar y violar. Miles de personas fueron pasadas a cuchillo. Pinturas, esculturas y libros fueron destrozados por capricho, tumbas e iglesias profanadas. Los venecianos se llevaron todas las obras de arte que pudieron, los curas latinos las reliquias, los jefes cruzados despojaron los palacios...

Este episodio, coincidiendo en que fue uno de los actos más lamentables de la Edad Media, los historiadores han convenido en llamarlo el «saqueo de Constantinopla».

Los bizantinos nunca pudieron comprender cómo cristianos que habían hecho votos de peregrinar a los Santos Lugares para rescatarlos de manos infieles, habían sido capaces de cometer tales atropellos contra hermanos de fe. La herida entre la cristiandad oriental y occidental quedaba abierta y todavía hoy sangra.

QUINTA CRUZADA (1217-1221)

Los sucesos ocurridos en torno a la cuarta cruzada hicieron que la Iglesia perdiera interés en seguir enviando ejércitos a Oriente para defender los Santos Lugares. De hecho, la quinta fue la última en la que acudió una pequeña tropa papal.

Esta expedición debía ser comandada por Federico II del Sacro Imperio Romano Germánico, pero éste no se decidió a ponerse al frente ya que estaba pendiente de ser coronado emperador, pero sí se comprometió a enviar un ejército.

Finalmente comandada por Juan de Briennes de Francia, el rey Andrés de Hungría y Leopoldo VI de Austria, esta quinta cruzada se dirigió hacia Egipto con el fin de alcanzar el objetivo que se había propuesto la anterior cruzada.

Sin muchas dificultades, lograron apoderarse del puerto de Damietta, situado en la desembocadura del río Nilo. El siguiente paso consistía en tomar El Cairo, pero el proyecto fracasó. Por una parte los largos meses de espera de los refuerzos prometidos por Federico II, que nunca llegaron a materializarse, permitió al sultán Malik al-kamil, reunir un poderoso ejército. Por otra parte, la incompetencia del delegado papal Pelagio al ordenar que se diera inicio al enfrentamiento en plena estación de lluvias, trajo consigo desastrosas consecuencias: hombres ahogados por las riadas, pérdida de víveres, terrenos pantanosos e impracticables...

No pudiendo resistir más, los cruzados pidieron la paz y Damietta tuvo que ser devuelta sin concesiones.

SEXTA CRUZADA (1227-1229)

El Papa Honorio III culpó a Federico II, emperador de Alemania, del fracaso de la quinta cruzada. Le acusó de menospreciar «la causa de Dios» por haber faltado a la promesa de enviar ayuda militar y le amenazó con la excomunión si no iniciaba inmediatamente los preparativos para una nueva cruzada.

En 1225 Federico II se comprometió a organizar y dirigir esta expedición. Su llamada a una nueva «guerra santa» fue acogida con indiferencia en toda Europa. El entusiasmo por las cruzadas había decaído puesto que la mayoría ya las consideraba como simples correrías feudales de rapiña cuyo objetivo último era aportar beneficios a los poderosos. Federico II, pues, no logró reclutar efectivos suficientes y la empresa tuvo que ser aplazada. El Papa accedió a la prórroga, pero obligó al emperador a depositar 100.000 onzas de oro en las arcas del patriarca católico de Jerusalén como garantía del cumplimiento de su promesa.

Un año después, en 1226, el sultán de Egipto, Malek al Kamil, que andaba en disputas con el emir de Damasco por el dominio de Siria y Palestina, propuso una alianza a Federico II para marchar contra Damasco. El emperador alemán aceptó con el propósito de empezar a negociar el legítimo derecho sobre el reino de Jerusalén que le confería su matrimonio con Yolanda, heredera al trono de la Ciudad Santa.

Finalmente, en el verano de 1227, un gran ejército que, no sin esfuerzos, se había reunido entre Alemania, Francia, Inglaterra e Italia, acampó cerca de Brindisi en su camino hacia Oriente. Las altas temperaturas de aquel verano y la falta de víveres provocaron graves enfermedades entre la tropa, afectando al propio Federico II que cayó enfermo de paludismo. De nuevo, la cruzada tuvo que ser suspendida.

Muerto este mismo año el Papa Honorio III, le sustituyó Gregorio IX, enemigo político de Federico II. El sumo pontífice, ante la nueva demora de la expedición, vio una magnífica oportunidad para perjudicar a su rival. Acusándole de enemigo de la religión, lo excomulgó y dio por anulada la sexta cruzada. Gregorio IX argumentó que Federico II era más pirata que cruzado puesto que actuaba en beneficio propio y, en absoluto, le movía la causa de combatir al Islam.

Haciendo caso omiso al Papa, Federico II, que era indiferente a las cuestiones religiosas, y con el empeño de proclamarse rey de Jerusalén, partió hacia su destino. Ya en Acre, en 1228, reanudó las negociaciones con el sultán egipcio. En febrero de 1229, en Jafa, pactó una resolución con Malek al Kamil por la que el emperador aseguraba al sultán su incondicional apoyo militar a cambio de obtener Jerusalén y la firma de importantes acuerdos comerciales con Egipto.

Así fue como sin disputar un solo combate, en 1229, Federico II entró en Jerusalén. Al negarse la Iglesia a coronar a un excomulgado, él mismo se autocoronó rey.

Indignado Gregorio IX por el proceder de su rival, y sin dar mayor importancia a que el «Santo Sepulcro» hubiera sido arrebatado a los infieles, en 1230 envió sus tropas contra los dominios que Federico II poseía en Italia. El emperador abandonó con urgencia su nuevo reino y acudió a Italia para proteger sus territorios derrotando a los ejércitos del Pontífice. En el posterior acuerdo de paz que se firmó en Saint Germain, el Papa levantó la excomunión que pesaba sobre Federico II, aceptó los tratados que el emperador había resuelto con los musulmanes y ordenó preservar la paz con Malek al Kamil a todas las fuerzas que se hallaban en Tierra Santa.

Así terminó esta sexta cruzada, tan alejada del espíritu de fe religiosa que las motivó en sus inicios. Quince años duró el dominio cristiano en Jerusalén. En septiembre de 1244, los cristianos, enfrentados entre sí por el reparto de poderes, sucumbieron ante el ataque encabezado por el entonces sultán de Egipto, Asal Eyub. Aprovechando una situación de recelos y rencillas que, sin duda, debilitaba la defensa de la ciudad, diez mil guerreros a caballo tomaron Jerusalén. El «Santo Sepulcro» pasó definitivamente a manos de los musulmanes.

SÉPTIMA CRUZADA (1248-1254)

La pérdida de Jerusalén ocasionó un duro golpe a Occidente. En 1245, en el Concilio de Lyon, el Papa Inocencio IV decidió organizar una nueva cruzada para liberar la Ciudad Santa.

Al igual que ocurriera en las anteriores, el anuncio de su puesta en marcha se puso en manos de predicadores y propagandistas que recorrían toda Europa para informar sobre la nueva expedición. Sin embargo, tal y como sucediera en la anterior cruzada, el interés de la gente había decaído y el llamamiento de Inocencio IV no halló la respuesta deseada. Los campesinos ya sabían que tras los prometidos beneficios, tanto espirituales como materiales, sólo encontrarían la muerte o la esclavitud. Por

El panteón cristiano es rico en personajes. Pese a existir un solo dios, se encuentra acompañado de vírgenes, mártires, beatos y santos.

otra parte, en Europa habían surgido nuevas ciudades que les ofrecían trabajo y una mayor seguridad. No veían la necesidad de buscar un futuro en países tan lejanos. También los caballeros tenían nuevas ocupaciones en Europa y no estaban dispuestos a jugarse la vida en arriesgadas expediciones. El rey de Inglaterra Enrique III dijo a los legados papales que sus súbditos ya habían sido engañados tantas veces que no estaban dispuestos a dejarse convencer más.

Sólo Luis IX *el Santo* de Francia confió en la empresa. Su gran fervor religioso le llevó a ir personalmente, vistiendo como un peregrino, a predicar entre barones y caballeros animándoles a seguir su ejemplo. Con un reducido ejército, si lo comparamos con las anteriores cruzadas, la mayoría de ellos franceses y con Luis IX al frente, se inició la marcha de la séptima cruzada cuyo inmediato objetivo era Egipto.

En junio de 1249 llegaron a Damietta, en la desembocadura del Nilo, tomando la ciudad casi sin combate y en otoño partieron hacia el sur poniendo sitio a la ciudad de Mansurah. Una y otra vez fueron repelidos los intentos de asalto de los cristianos hasta que, en febrero de 1250, una traición permitió a los cruzados entrar en la ciudad y, tras una cruenta batalla, consiguieron la victoria, quedando el ejército cristiano muy debilitado por las cuantiosas pérdidas sufridas. Nuevamente la historia se repetía: los sitiadores pasaron a ser sitiados. Los musulmanes cortaron las comunicaciones con Damietta, que era la base de abastecimiento para los cruzados. Ante la perspectiva de morir de hambre, salieron de la ciudad enfrentándose a los musulmanes que los vencieron. Luis IX fue hecho prisionero recuperando su libertad mediante el pago de un cuantioso rescate y la retirada de Damietta.

Sin querer volver a Europa, todavía insistió Luis IX en continuar su cruzada. Hizo llamamientos a Francia pidiendo refuerzos que no encontraron acogida e intentó negociar la ayuda de tártaro-mongoles, que en esa época extendían sus dominios por el Asia Anterior, sin conseguir nada positivo. En la primavera de 1254, Luis IX y el resto de su ejército regresaron a Francia.

OCTAVA CRUZADA (1270)

La pérdida de Antioquía, la ciudad más rica de los cruzados, movió a Luis IX *el Santo*, infatigable aliado papal, a encabezar la octava y última de las cruzadas. Al igual que las anteriores, muy pocos se mostraron dispuestos a seguirle.

En el verano de 1270 y sin ningún plan previsto, viajaron por mar hasta Cagliari, en la isla de Cerdeña. Tras largas deliberaciones se acordó finalmente dirigirse a... Túnez. Varias son las versiones que nos han llegado tratando de dar una explicación a esta decisión.

El cronista francés Godofredo de Beaulieu afirma que el entonces emir de Túnez, El Mostansir, había expresado a Luis IX su decisión de convertirse a la fe cristiana y el «rey santo» quería mostrarle su afecto y al mismo tiempo negociar una alianza para combatir Egipto.

Otros cronistas apuntan a que los caudillos cristianos llegaron a la conclusión de que atacar Egipto por mar era una empresa imposible y decidieron dar un rodeo por Túnez.

Posteriormente, el cronista francés Guillermo de Nangis y el italiano Saba Malaspina, coincidieron en afirmar que Luis IX fue víctima de los manejos de su ambicioso hermano, Carlos de Anjou, rey de Nápoles y de

Sicilia. Este último reino lo había arrebatado recientemente a los herederos de Federico II quienes, como reyes de Sicilia, recibían tributo del emir de Túnez. Con el cambio, el emir El Mostansir se negó a seguir pagando ese tributo al nuevo rey francés y dio protección a los destronados reyes sicilianos. Con el fin de castigar al emir y recuperar el pago del tributo, Carlos de Anjou habría convencido a su hermano Luis IX para tomar rumbo a Túnez.

Esta última versión, la más arraigada, ha sido puesta en duda por historiadores contemporáneos demostrando que, Carlos de Anjou, mantenía buenas relaciones con todos los países musulmanes vecinos, puesto que sus acuerdos comerciales le reportaban grandes beneficios y no tenía el menor interés en atacar Túnez. Estos historiadores creen que la campaña contra Túnez se debió únicamente a una decisión de Luis IX y sus jefes por el anhelo expansionista de la corona francesa en el Mediterráneo.

En julio de 1270, el ejército desembarcó en la costa tunecina frente a Cartago, y a los pocos días de asedio, se declaró una terrible epidemia entre los cruzados. El 25 de agosto, moría Luis IX víctima de la peste. La cruzada quedó desorganizada, dándose por terminada la expedición.

LA INQUISICIÓN

«Baluarte de la Iglesia, pilar de la verdad, guardián de la fe, tesoro de religión, defensa contra herejes, luz contra los engaños del enemigo, y piedra de toque de la pura doctrina». Así definía fray Luis de Granada la Inquisición, un tribunal eclesiástico establecido para inquirir y castigar los delitos contra la fe.

Para historiadores y especialistas, la «leyenda negra» que pesa sobre la Inquisición suele estar ya superada. Pero la gente, en su mayoría, aún no logra entender cómo, durante más de tres siglos, millares de personas pudieron ser ajusticiadas o castigadas por motivos de creencias o discrepancias con la Iglesia.

ORÍGENES

Algunos historiadores señalan que un decreto dictado por el Papa Lucio III en el año 1184 debe considerarse como el documento fundacional de la Inquisición. En este decreto se aconsejaba a los obispos que recorrieran sus diócesis en busca de posibles herejes y absolverlos o castigarlos, según procediera.

A inicios del siglo XIII, e introducidas por los cruzados que habían estado en Tierra Santa, empezaron a circular por Occidente opiniones que contradecían ciertas enseñanzas impartidas por la Iglesia. Estas opiniones cuestionaban, por ejemplo, los dogmas que la Iglesia explicaba acerca de la Inmaculada Concepción y el culto a los santos. Sus propagadores también afirmaban que el camino hacia la salvación se hallaba practicando la humildad, la castidad, el ascetismo y la pureza, virtudes que, según su parecer, ellos sí contemplaban y, en cambio, el clero que formaba la Iglesia no. Esta herejía que se inició en Francia se extendió rápidamente y sus seguidores pasaron a llamarse cátaros, albigenses, valdenses, etc. dependiendo del nombre del líder o de la región de procedencia.

El Papa Inocencio III, en el año 1208, organizó una cruzada en contra de los albigenses que se concentraban en el sur de Francia. Los cruzados saquearon la ciudad de Beziers y pasaron a cuchillo a 60.000 habitantes, sin respetar ancianos, mujeres o niños. Los soldados antes de la matanza preguntaron a los prelados cómo distinguirían a los católicos de los herejes y la respuesta, según destacan algunos textos, fue tajante puesto que la matanza fue indiscriminada atendiendo a la razón de que Dios ya los distinguiría en el cielo.

INQUISICIÓN MEDIEVAL

El IV Concilio de Letrán, convocado en el año 1215 por el Papa Inocencio III, dictó unas normas que bien podrían entenderse como las claves de la primera Inquisición. Sus principales puntos fueron los siguientes:

• Toda herejía debe ser perseguida concertadamente por las autoridades civiles y eclesiásticas.
• Los procesos deberán ser iniciados de oficio.
• Los obispos deberán disponer la realización de inquisición en cada parroquia de su diócesis.

• Las propiedades de los herejes deberán ser confiscadas.

• Los recalcitrantes deberán ser relajados al brazo secular para ser sancionados.

Según quién las interpretaba y aplicaba, estas normas y disposiciones llegaron a ocasionar muchos abusos y desmanes que provocaron una firme protesta del resto de la cristiandad. Para zanjar este asunto, el Concilio de Toulouse en el año 1229 decidió crear un tribunal que controlase los excesos que se cometían contra los herejes.

En Roma, en el año 1231, quedó finalmente constituido el Tribunal de la Inquisición con la única finalidad de perseguir y juzgar herejes. Este Tribunal tenía poder para actuar por acusación, por denuncia o por oficio. Las opciones que se contemplaban en el juicio eran:

• La voluntaria presencia del acusado para confesar sus culpas, lo cual se sancionaba con penas espirituales leves.

• El arrepentimiento por miedo a morir, que se castigaba con sentencia de prisión.

• No detractarse de los errores, que significaba la muerte.

Los que libremente confesaban sus errores y se mostraban arrepentidos eran castigados con penas religiosas que consistían en oraciones diarias, peregrinaciones, ayunos y multas.

Si existían pruebas contra un reo y éste no confesaba, se aplicaba el tormento. Si el reo finalmente confesaba, se le condenaba a prisión o galeras por unos cuantos años y sus bienes quedaban confiscados. Si no lograban arrancar su confesión, sólo cabía esperar la muerte.

Cuando el Tribunal reunía suficientes sentencias en una zona determinada y consideraba que la herejía estaba conjurada, se celebraba el «auto de fe», una ceremonia donde, empezando por las más leves, se leían públicamente las sentencias. Inmediatamente después, los condenados a la pena capital eran conducidos a la pira donde morían quemados vivos.

LA INQUISICIÓN ESPAÑOLA

La inquisición medieval se había centrado en Europa y especialmente en Francia por ser la cuna de las herejías en el siglo XIII. En España sólo existía un tribunal en Aragón, creado con el fin de perseguir la herejía albigense que, desde Toulouse, se había extendido por la región. Pero en el siglo XV, época de la que nos vamos a ocupar, este tribunal ya había caído en el olvido.

Básicamente, la estructura social en la Península Ibérica a mediados del siglo XV, estaba compuesta por los reyes y nobles, el pueblo, el clero, los moros y los judíos. Los reyes y nobles ostentaban el poder, poseían las tierras y se dedicaban a guerrear contra los moros. El pueblo, inculto e iletrado, cultivaba las tierras de los señores feudales como esclavos. El clero, que dependía de Roma y estaba muy bien jerarquizado, poseía las bibliotecas y en sus manos estaba el saber. Los moros que iban retrocediendo hacia Granada como último reducto a medida que los cristianos iban conquistando sus territorios. Los judíos que habitaban la Península desde tiempos inmemoriales y ejercían toda clase de oficios, eran letrados, buenos comerciantes y disfrutaban de una buena posición económica.

Las crisis económicas y las grandes epidemias de peste que azotaron Europa en el siglo XV, motivaron un descenso muy importante en la demografía, excepto entre la población judía. Según nos cuenta la historia, esto fue así porque los judíos mantenían un régimen de aseo muy diferente a los cristianos, que consideraban la limpieza como pecado siendo frecuente aplicar el baño como castigo.

La realidad fue que los únicos que conservaron su posición económica fueron los judíos ejerciendo, entre otros, los oficios de prestamista y arrendatario, profesiones que la Iglesia prohibía a los cristianos. Se habían convertido en dueños de las finanzas cuando la propia Corona andaba escasa de medios. Esta situación no era del agrado de los miembros de la nobleza quienes iniciaron una campaña difamatoria acusándoles de deslealtad a la Corona, ser un colectivo sin nación propia y, lo más grave, pertenecer a un pueblo que había sido el causante de la muerte de Jesucristo. Estos razonamientos y la intolerancia cristiana acabaron por alimentar el antisemitismo.

Esta delicada situación favoreció la aparición de los conversos, judíos que abrazaron la fe cristiana, también llamados «marranos» o cristianos nuevos para distinguirlos de los cristianos viejos o «lindos», que eran los originarios. Estos conversos, gracias a su habilidad, sabiduría y capacidad de adaptarse a los nuevos oficios que ya les eran permitidos, fueron escalando posiciones en la corte de España, despertando, aún más, la envidia de los cristianos viejos.

En 1478 fueron descubiertos en Sevilla conversos que celebraban ceremonias religiosas extrañas al cristianismo, lo cual constituyó una prueba evidente de la falsedad de algunos cristianos nuevos. Alonso de Hojeda, prior dominico de Sevilla, advirtió a la Corona del peligro que suponían los falsos conversos y solicitó a los Reyes Católicos medidas contra los herejes. Este informe iba avalado por Pedro González de Mendoza, arzobispo de Sevilla y por Tomás de Torquemada, prior de un convento dominico de Segovia y confesor de la reina Isabel, el cual añadió que también en Castilla los conversos practicaban sus ritos judíos en secreto.

Fernando e Isabel, enviaron instrucciones a Roma para obtener la bula de institución que les permitiera crear la Inquisición, exigiendo su total control y que no dependiera del Papa como era norma en la Inquisición Medieval.

En noviembre de 1478 el Papa Sixto IV otorgó a los Reyes Católicos la bula necesaria que se ajustaba a sus deseos: pleno poder para organizar y conducir la nueva Inquisición a su manera. Veamos algunos pasajes de esa bula:

> «Sabemos que, en diferentes ciudades de vuestros reinos de España, muchos de los regenerados en Jesucristo por su propia voluntad y a través de las sagradas aguas del bautismo, han vuelto secretamente a la observancia de leyes y costumbres religiosas de la superstición judía... incurriendo en las penas dictadas contra los herejes por las Constituciones de Papa Bonifacio VIII. Debido a los pecados de estos hombres y a la tolerante mirada de la Santa Sede, la guerra civil, el homicidio y otros males innumerables afligen vuestros reinos... Deseamos, pues, tener en cuenta vuestra petición y aplicar los remedios propios para reprimir los males que nos señaláis. Os autorizamos a designar tres o, por lo menos, dos obispos u hombres firmes que sean sacerdotes seculares, religiosos de orden mendicante o no mendicante, con edad mínima de cuarenta años, conscientes y de vida ejemplar, maestros o bachilleres en teología, o doctores y licenciados en derecho canónico, minuciosamente examinados y

Los cuatro evangelistas (Mateo, Juan, Lucas y Marcos), en el libro del evangelio de Vyserad, Praga.

Jesús murió joven, traicionado y negado por sus discípulos tal y como él mismo predijo.

La última cena, obra de Juan Vicente Masip expuesta en el Museo del Prado de Madrid.

Basílica del Santo Sepulcro en Jerusalén.

Estola sacedotal, cáliz y pan, símbolos del cristianismo utilizados en la liturgia.

El bautismo es un sacramento por el que mediante el agua se hace al neófito cristiano, miembro de la Iglesia, hijo adoptivo de Dios y heredero del cielo.

La Biblia, libro fundamental para los cristianos, ha sido traducida a multitud de idiomas para su difusión por todo el mundo.

Grupo de fieles católicos en la plaza de San Pedro del Vaticano.

Estatua monumental de Cristo en la ciudad de Río de Janeiro, Brasil.

Juan Pablo II, Papa de la Iglesia Católica desde 1978 a 2005.

elegidos, que crean en Dios y a los que juzguéis dignos de
ser nombrados en la actualidad en cada ciudad o diócesis
de dichos reinos, según las necesidades... Además, conce-
demos a estos hombres, por lo que se refiere a todos los
acusados de crimen contra la fe y a quienes les ayudaren
o favorecieren, los especiales derechos y jurisdicciones que
la ley y la costumbre atribuyen a los ordinarios y a los
inquisidores de la Herejía».

Dos dominicos, fray Miguel Morillo y fray Juan de San Martín fueron nombrados primeros inquisidores, instalándose en Sevilla en 1480. En su afán de corresponder a su nueva ocupación, sus pesquisas les llevaron a detectar un grupo de herejes que se habían refugiado en los dominios de grandes señores cristianos, acogidos a cambio de una compensación económica. Tanto herejes como conjurados fueron arrestados. Entre ellos había tres ediles de la ciudad, sacerdotes, priores de conventos y magistrados. El tribunal condenó a seis hombres y seis mujeres a la hoguera y sus numerosos bienes fueron confiscados, circunstancia que beneficiaba a los Reyes Católicos puesto que se estaba preparando el último ataque contra Granada.

A raíz de este acontecimiento, se desató un verdadero pánico entre la comunidad judía. Las denuncias contra ellos eran tan numerosas como las precipitadas conversiones o las huidas a Portugal.

TOMÁS DE TORQUEMADA

La Corona iba designando nuevos inquisidores y Tomás de Torquemada fue nombrado Inquisidor General en octubre de 1483.

Este personaje, que aplicó gran rigor y severidad en la persecución de los herejes, promovió asambleas de inquisidores, aportó nuevos estatutos y estableció las normas que convirtieron al Tribunal en una institución con fama de terrible. Nacido en Valladolid en 1420, sobrino del teólogo y cardenal Juan de Torquemada, ingresó muy joven en los dominicos. En el año 1452 fue prior del monasterio de Santa Cruz de Segovia y desde 1474 confesor de los Reyes Católicos. Como Inquisidor General estableció tribunales en Valladolid, Sevilla, Jaén, Ávila, Córdoba y Villa Real.

Mucho se ha escrito sobre la crueldad de Torquemada, pero la historia y la leyenda a menudo confunden sus caminos. Según algunos historiadores, durante sus catorce años de mandato (1483-1498), 8.800 personas fueron quemadas y 9.654 fueron castigadas de diferentes formas. Otros historiadores rebajan considerablemente el número de ajusticiados y otros defienden la actuación de Torquemada, situándolas en el contexto de la época y apelando a la necesidad de preservar el cristianismo en España.

Para el cronista contemporáneo español Sebastián de Olmedo, Torquemada fue «*El martillo de los herejes, la luz de España, el salvador de su país, el honor de su orden*».

Lo cierto es que a su muerte, ocurrida el 26 de septiembre de 1498 en Ávila, la mayoría del pueblo lo consideraba como el personaje que había sembrado el terror amparado por la Corona. Y la memoria popular es la que siempre prevalece.

EL TRIBUNAL

Al Consejo Supremo le correspondía nombrar los miembros que constituían los tribunales que estaban formados por dos jueces letrados, un teólogo, un fiscal acusador y un juez de bienes que tasaba las posesiones confiscadas. También formaban parte del tribunal otros auxiliares como los notarios que transcribían todas las preguntas y respuestas que se formulaban en el juicio, incluso cuando los interrogados eran sometidos a tortura. Luego estaban los comisarios cuya función consistía en difundir los edictos de la Inquisición que se leían en las iglesias, investigar casos de herejía y arrestar a los sospechosos. Estos comisarios eran secundados por los llamados «familiares» que les ayudaban en los arrestos y ejercían protección a los miembros del Santo Oficio. Todos ellos, así como sus más allegados, gozaban de plena indulgencia mientras duraran sus funciones.

Los miembros que eran escogidos para integrar un tribunal y los auxiliares que cooperaban eran seglares. De esta manera, la Iglesia no asumía como propias las condenas que los procesos de la Inquisición dictaron.

El tribunal tenía plena competencia sobre los siguientes delitos:

- Contra la fe y la religión: herejía, apostasía, judaísmo, etc.
- Contra la moral y las buenas costumbres: bigamia, posesión, lectura o comercio de libros que atentaran contra la Corona, España o la Iglesia.
- Contra la dignidad del sacerdocio y de los votos sagrados: celebrar misa sin estar ordenado, hacerse pasar por religioso o sacerdote, solicitar favores sexuales a las devotas en confesión.
- Contra el Santo Oficio: toda actividad que entorpeciera la labor del tribunal.

Estos tribunales eran financiados por la Corona, pero aparte se «autofinanciaban» a través de bienes confiscados a los acusados que no se contabilizaban. Esto motivó un gran interés en buscar herejes entre los conversos que dispusieran de cuantiosas fortunas.

El uso de la tortura para hacer confesar a los acusados era común en los procedimientos del tribunal. A menudo, con sólo mostrar la sala de tormento, al verdugo o los instrumentos de tortura ya se conseguían las confesiones. Si el reo se mantenía en sus convicciones, se le sometía a cualquiera de los tormentos más usados:

• La garrucha. El reo era atado por las manos, se le elevaba lentamente y se dejaba caer su cuerpo violentamente sin llegar a tocar el suelo. El dolor en las articulaciones era intensísimo. Si no confesaba, le colocaban un sobrepeso en los pies para que aumentara el dolor.

• El potro. La víctima era atada de pies y manos sobre una mesa y se daban vueltas con un torniquete a las cuerdas, lo que producía un estiramiento de las articulaciones que dislocaba el cuerpo.

• El agua. Totalmente inmovilizado sobre una mesa, se introducía un trapo en la boca hasta la garganta, el verdugo echaba agua lentamente empapando todo el trapo provocando sensación de ahogo.

• La pera. Se introducía en la boca, recto o vagina y allí se expandía mediante un tornillo hasta alcanzar su máxima apertura. La cavidad era irremediablemente mutilada.

• El garrote. El reo era inmovilizado en una silla y el tornillo se introducía en la nuca. Esta pena de muerte era reservada para aquellos que podían pagar para no ser quemados en la hoguera.

• Uno de los castigos leves más extendidos era el «sambenito», deformación de «saco bendito». Se trataba de un traje amarillo con una cruz diagonal pintada. Los penitentes deberían llevarlo por un período de tiempo indefinido como señal de su culpa.

Otra forma de actuación, no menos inhumana, del procedimiento inquisitorial era la negativa de explicar de qué se le acusaba al detenido, así los presos podían pasar días, meses o incluso años en las celdas del tribunal sin saber por qué.

El 31 de marzo de 1492, los Reyes Católicos decretaron la expulsión de los judíos de España. La salida se tendría que efectuar antes del 2 de agosto y con la prohibición explícita de llevarse oro ni plata. Millares de judíos se vieron forzados a abandonar el país o bien renegar de su religión y convenir en ser bautizados.

Los que por unos motivos u otros decidieron quedarse, «conversos» a la fuerza, que no convencidos, doblaban en número a los antiguos falsos conversos que continuaban ejerciendo sus ritos en secreto. El «peligro converso» llegó a alcanzar tal proporción que aterrorizó a las autoridades eclesiásticas. Este fue, sin duda, el período de mayor protagonismo de la Inquisición.

BRUJERÍA

En el siglo XVI estaban muy extendidas las prácticas supersticiosas que tenían sus orígenes en la más remota antigüedad. Ante la susceptibilidad del momento, los inquisidores se preguntaban si la hechicería debía tomarse como herejía.

El Papa Sixto V mediante su bula *Coeli et Terrae*, que condenaba la astrología, la magia y la demonología, dio luz verde para perseguir a todo aquel que practicase hechizos, sortilegios, curaciones y otro tipo de magias.

Como anécdota merece la pena subrayar la actitud del papado y los inquisidores ante la astrología, materia que era aceptada en todos los círculos más ilustrados de Europa al considerarla una verdadera ciencia. Su empeño les llevó hasta la Universidad de Salamanca donde la astrología disfrutaba de una posición favorable. El inquisidor encargado de supervisar las enseñanzas que allí se impartían se encontró con tal cantidad de honorables conferenciantes que, ante la imposibilidad de castigarlos a todos, se optó por incluir todos los libros de astrología en el *Índice* (catálogo de libros prohibidos por la Iglesia por considerarlos peligrosos para la fe y las costumbres).

Es justo resaltar el bajo número de procesos que por brujería se celebraron en España y otros países católicos comparados con los que hubo en los países que tras la Reforma se convirtieron al protestantismo.

A principios del siglo XVIII la Inquisición empezó a dejar de tener efectividad siendo sustituida en 1823 por el Tribunal de la Fe que desapareció en 1835.

En la actualidad el Santo Oficio es una congregación de la Curia romana que tiene por objeto revisar todo lo que se edita y publica para aconsejar a los fieles su conveniencia o no.

Para terminar este capítulo, nos permitimos un pequeño apunte con objeto de recordar a algunos de los personajes que fueron afectados en mayor o menor grado por la Inquisición.

Fray Luis de León, que en 1573, a causa de su traducción y comentarios del «Cantar de los Cantares», fue procesado y encarcelado durante cinco años, pronunciando la célebre frase «como decíamos ayer...» al recuperar su cátedra en la Universidad de Salamanca. También sufrieron procesos Santa Teresa de Jesús y San Juan de la Cruz por sus reformas de la orden carmelitana.

El Siglo de Oro, la gran época literaria castellana del siglo XVI, se halla enmarcada en la etapa crucial de la Inquisición. Así tenemos que grandes glorias de las letras como Tirso de Molina, Fernando de Rojas, Cervantes, Góngora, Calderón de la Barca, Lope de Vega, Quevedo y otros más, fueron investigados en su día.

REFORMA Y FRAGMENTACIÓN

Para la Iglesia Católica la situación actual del cristianismo es como un gran árbol con un tronco central —la Iglesia Católica, Apostólica y Romana— y dos grandes ramas equivocadas: la Iglesia Ortodoxa de Oriente y el Luteranismo o Protestantismo. Desde el punto de vista de la Iglesia Ortodoxa, su doctrina es la verdadera depositaria de la ortodoxia cristiana y los luteranos afirman que Roma erró su camino y el cristianismo fue purificado por la reforma protestante con la Biblia como único referente.

En capítulos anteriores ya hemos hablado de las grandes diferencias y enfrentamientos que terminaron con el Cisma del año 1054 y la separación de la Iglesia Católica de Occidente y la Iglesia Ortodoxa de Oriente. Vamos, pues, a centrarnos en la Reforma que originó el Protestantismo.

Cuando en lenguaje histórico se denomina a un período «tiempo de cambio o reforma», automáticamente estamos intuyendo que los anteriores eran equivocados y requerían un nuevo rumbo. En el libro *The Story of the Reformation* (Historia de la Reforma) de John F. Hurst, podemos leer: «*La verdadera tragedia de la iglesia medieval fue que no adelantó con su tiempo (...) En vez de ser progresiva, en vez de dar dirección espiritual, fue retrógada, decadente y corrupta en todos sus miembros*».

ANTECEDENTES

La poderosa Iglesia Católica había dominado, desde el siglo v hasta el xvi, la mayor parte de Europa. A principios del siglo xvi aún formaba un bloque compacto y omnipotente desde Polonia hasta el Atlántico. Apenas unas décadas más tarde ya no existía una sola liturgia ni una sola teología ni una sola iglesia, sino gran variedad de ellas. ¿Qué razones motivaron tan drástico cambio? ¿Cómo fue que el pontífice, en un lapso de tiempo tan corto y para una gran cantidad de fieles, pasara de ser jefe indiscutible de la cristiandad a enemigo público? Según estudiosos del tema, el enfermo más grave de la Iglesia era el propio papado.

Como resumen a la condición en que se hallaba la Iglesia Romana a principios del siglo xvi, citamos las palabras de Maquiavelo (1459-1527), político, filósofo e historiador italiano de la época:

> *«Si la religión del cristianismo se hubiera conservado según las reglas del Fundador, el estado y el dominio de la cristiandad disfrutarían ahora de mayor unidad y felicidad. Y no puede haber mayor prueba de su decadencia que el hecho de que mientras más cerca está la gente de la Iglesia Romana, la cabeza de su religión, menos religiosa es».*

Después del gran Cisma, la Iglesia estuvo gobernada, con algunas excepciones, por papas de relevante mérito y gran predisposición hacia su cargo. Con Pablo II (Papa 1464-1471) se inició un cierto estancamiento y con su sucesor, Sixto IV, empezó el desastre. Fue una lástima para la Iglesia que en una época tan esplendorosa como fue el Renacimiento a principios de la Edad Moderna, sus dirigentes no estuvieran a la altura de las circunstancias. Estos papas fueron hombres egoístas, débiles, carentes de moral, sin sentido de la responsabilidad y profundamente contagiados de los vicios de su tiempo.

Convertidos en poderosos magnates, condujeron Roma a un grado de disipación y corrupción escandaloso, alcanzando su cenit de abusos entre los años 1471 y 1521, período en el que un historiador benevolente clasificó como «*una sucesión de papas muy mundanos*». Para no extendernos, ya que el tema daría mucho de sí, nos limitaremos a ofrecer unas pocas pinceladas sobre alguno de ellos.

Sixto IV (Papa 1471-1484), cuyas ambiciones le llevaron a enfrentarse con la mitad de estados italianos en una serie de luchas por el poder. Protegió a una horda de sobrinos miserables y rapaces en una medida sin precedentes incluso en la historia del álgido Imperio Romano. Gastó grandes sumas de dinero construyendo la Capilla Sixtina erigida en su honor, aunque, por lo menos, tuvo el acierto de encargar su decoración a Miguel Ángel.

Alejandro VI (Papa 1492-1503), el inefable Rodrigo Borgia, que debía la tiara a su condición de ser sobrino de Calixto III. Descaradamente admitía tener hijos ilegítimos a los que concedía títulos y riquezas, exhibió a una de sus múltiples y jóvenes amantes en el mismo Vaticano y presidió, con todo boato, la boda de su hija Lucrecia Borgia estando acusado de mantener relaciones incestuosas con ella. Su hijo César, nombrado cardenal a los veintitrés años y personaje tomado como modelo por Maquiavelo en su libro *El Príncipe*, con la asistencia y consentimiento de su padre, celebró una fiesta en el Vaticano en la que cincuenta prostitutas bailaron desnudas terminando en una gran orgía con los invitados.

Julio II (Papa 1503-1513), *El terrible*, como le llamaban sus contemporáneos. Fue más devoto de la guerra, la política y el arte que de sus deberes eclesiásticos. También alcanzó la tiara por ser sobrino de Sixto IV. Encargó a Rafael la decoración del Vaticano y a Miguel Ángel la reconstrucción de San Pedro.

León X (Papa 1513-1521) elegido por motivos puramente políticos, tuvo que ser consagrado sacerdote y obispo antes de entronizarlo.

Todos ellos repartieron capelas cardenalicias entre sus familiares y amistades. También fueron grandes mecenas del arte y la cultura, a lo que debe Roma gran parte de su inconmensurable patrimonio. Pero esta vida privilegiada y dilapidada tenía un elevado coste.

Una importante fuente de ingresos para el papado, que levantó fuertes protestas entre los puristas, fue la venta de indulgencias que los fieles acaudalados adquirían a cualquier precio para lavar sus culpas y alcanzar el perdón de los pecados. De esta forma podían vivir disolutamente ya que estaban amparados por la Iglesia. Otro saneado negocio fue la venta de oficios y cargos eclesiásticos al mejor postor. Era frecuente ver a jóvenes incultos o sin grandes luces, que por la fortuna familiar eran erigidos obispos, o personajes acaudalados que coleccionaban sedes episcopales o arzobispales con sus correspondientes rentas. En este mercado de compra-venta, la función eclesiástica quedaba en segundo término. Sólo importaba la propiedad y el beneficio que llevaba consigo. Otra fuente de ingresos nos la describe el historiador Will Durant:

«*Toda persona que recibía nombramiento eclesiástico tenía que remitir a la Curia papal (oficina administrativa del papado) la mitad de los ingresos de su puesto por el primer año (anata), y después, anualmente, el (diezmo) o décima parte. El nuevo arzobispo tenía que pagar al Papa una suma sustancial por el palio, una*

En el cristianismo, la oración es el método por excelencia, no sólo para purificar el cuerpo y la mente sino, para conectar con Dios.

banda blanca de lana que servía de confirmación e insignia a su autoridad. Al morir un cardenal, arzobispo, obispo o abad, sus posesiones personales volvían al papado. Por todo juicio o favor que otorgaba, la Curia esperaba un regalo como reconocimiento y a veces el regalo determinaba el juicio que se dictaba».

Lógicamente, ante tales ejemplos, la corrupción e inmoralidad se hizo extensible a todo el resto de la jerarquía eclesiástica. Así vemos a confesores perdonando a los penitentes a cambio de favores sexuales, miles de sacerdotes viviendo en concubinato y una disoluta vida de monjes y monjas en sus conventos.

La crisis moral de la Iglesia y el comportamiento de gran número de sus integrantes, justificaban sobradamente las protestas que culminarían con un movimiento de reforma.

PRIMEROS INTENTOS REFORMISTAS

Durante los siglos XIV y XV ya se habían convocado concilios eclesiásticos para tratar algunas de las quejas emitidas contra los abusos de la Iglesia, pero los papas que disfrutaban de poder y gloria personal siempre frustraron los verdaderos esfuerzos para lograr algún cambio. Día a día iban creciendo los clamores de reforma y existía por parte de mucha gente, tanto dentro de la Iglesia como fuera de ella, un fuerte rechazo a la corrupción del clero católico y una disposición de regreso a la tan olvidada Biblia.

John Wiclef (1330-1384), a quien se le denomina «el lucero del alba de la Reforma», era un sacerdote católico y profesor de teología en Oxford. En desacuerdo con la autoridad espiritual y temporal del Papa y crítico del camino equivocado que iba adoptando la Iglesia, hizo públicas sus doctrinas reformistas de oposición a la propiedad eclesiástica, a las indulgencias y a las prebendas. Denunció la corrupción en las órdenes monásticas y criticó al papado su cada vez mayor incursión en asuntos mundanos. Cuestionó el sacramento de la confesión y el dogma de la transubstanciación (conversión del pan y el vino que se usan en la misa en el cuerpo y la sangre de Jesucristo).

Para Wiclef, su principal preocupación era el descuido de la Iglesia respecto a la enseñanza de la Biblia. En cierta ocasión declaró lo siguiente:

> *«¡Cuánto quisiera que toda Iglesia parroquial de este país tuviera una buena Biblia y buenas explicaciones del Evangelio, y que los sacerdotes las estudiaran bien, y de veras enseñaran el Evangelio y los mandatos de Dios a la gente!».*

Para ello dedicó los últimos años de su vida a traducir la Biblia del latín al inglés.

Sus doctrinas y la traducción de la Biblia se extendieron por toda Inglaterra mediante un grupo de seguidores llamados «sacerdotes pobres» ya que vestían con ropas sencillas, iban descalzos y no poseían bienes materiales.

La buena predisposición que disfrutaba entre las clases gobernantes y eruditas de la época frenó su excomunión por parte de la Iglesia, pero 31 años después de su muerte, en el Concilio de Constanza (1415), se le condenó como hereje, exhumando y quemando su cadáver.

Seguidor y defensor de las ideas de Wiclef, fue el sacerdote bohemio (checoslovaco) Jan Hus (1369-1415), teólogo y rector de la Universidad de Praga. Propagó con entusiasmo los nuevos aires reformistas, negando la autoridad del Papa, denunciando la corrupción de la Iglesia y recomendando leer la Biblia. En 1403 las autoridades eclesiásticas le ordenaron que dejara de predicar sus ideas antipapales. Sin embargo, continuó escribiendo acusaciones sobre las prácticas de la Iglesia, en especial, contra la venta de indulgencias. Fue condenado y excomulgado en 1410 respondiendo que «*rebelarse contra un Papa que se equivoca es obedecer a Cristo*». Por todo esto fue sometido a juicio en el Concilio de Constanza y condenado como hereje. Sin conseguir que se retractara, fue quemado en la hoguera.

En España hay que señalar al cardenal Cisneros (1436-1517) que purgó los monasterios, redujo la influencia del Papa, fundó la humanista Universidad de Alcalá e impulsó los estudios bíblicos. Profundo católico, más tarde apoyó la Contrarreforma.

Pero quizás el ejemplo más valioso nos lo proporciona la figura y la obra de Desiderio Erasmo (1467-1536) conocido como Erasmo de Rotterdam. Este erudito holandés fue la gran figura intelectual de su época y está considerado como el máximo exponente del humanismo. Gracias al nuevo y poderoso medio de difusión que fue la imprenta, su obra se difundió por todo el continente.

Creía Erasmo que era posible un movimiento de renovación que partiera desde la misma Iglesia. Su trabajo, en este sentido, consistió fundamentalmente en reunir en un único contenido básico todas las líneas de reforma surgidas con anterioridad. Con su nueva filosofía de la reforma censuró la conducta religiosa de su tiempo, rechazando las concepciones puramente formularias y vacías de espíritu y atacando la religión concebida como un ritual y una continua mecánica observancia de ceremonias.

Sus palabras fueron una constante denuncia de lo irracional y la superstición:

> *«Besamos los zapatos de los santos y aun sus pañuelos sucios, y dejamos descuidados sus libros, que son sus más santas y eficaces reliquias».*

Defendía un cristianismo simplificado. Rechazando las devociones mecánicas trataba de recuperar, mediante el estudio de la Biblia, la pureza original del Nuevo Testamento.

No obstante, Erasmo jamás rompió con la Iglesia. Frente a las constantes solicitudes de los luteranos, herederos en buena parte de su mensaje, su postura era clara:

> *«Seguiré en esta Iglesia hasta que encuentre otra mejor, y pueda seguir aguantándome hasta que yo mismo sea mejor. Y obra cuerdamente quien escoge la vía media, apartándose de dos extremos igualmente peligrosos».*

Sin olvidar estos primeros intentos de cambio, los estudiosos señalan como el comienzo de la Reforma protestante el 31 de octubre de 1517, cuando el monje agustino Martín Lutero colgó sus 95 tesis en la puerta de la iglesia del castillo de Wittenberg, en el estado alemán de Sajonia.

MARTÍN LUTERO Y LA REFORMA

Este monje agustino que inició la ruptura con la Iglesia Romana nació en el año 1483 en Eisleben (Turingia, antigua región perteneciente a Sajonia) en el seno de una familia humilde. Su padre, minero, viendo la disposición que su hijo tenía para el estudio y a costa de muchos sacrificios, decidió darle carrera. Martín Lutero estudió gramática en Eisenach y filosofía en Erfurt. A los veintidós años ingresó en los agustinos recibiendo las órdenes en 1507. Al año siguiente fue trasladado a Wittenberg, en cuya universidad perfeccionó sus estudios de teología al tiempo que impartía enseñanzas de filosofía, ocupación que no abandonaría hasta su muerte.

En el año 1510 y para tratar asuntos internos de su comunidad, viajó a Roma. Es importante incidir en este viaje ya que marcaría para siempre su antagonismo hacia la Iglesia Romana.

Como buen asceta que era, hizo el camino a pie, viajando como un peregrino, y por las noches se acogía a la hospitalidad de los conventos de su orden o simpatizantes. Pero a medida que iba avanzando hacia el Sur observó que la sobriedad de los conventos se iba vistiendo de un mayor confort, luego con un lujo innecesario y más tarde con una insultante opulencia. Calmó su indignación con la esperanza de que su denuncia encontraría eco ante la autoridad romana.

Pero lo que presenció allí era todavía peor. Roma era un estercolero con callejas sucias y malolientes donde la gente vivía apiñada. Y entre tanta inmundicia, como islas amuralladas y formando mundos aparte, se alzaban los palacios de los nobles, antros de ostentación, intrigas, derroche, vicio y libertinaje. Lo más grave era que la misma corte pontificia formaba parte de aquel vergonzoso caos.

Lutero no fue ni tan siquiera recibido por aquellos personajes inaccesibles. Escandalizado y herido en lo más íntimo de sus sentimientos y fe cristiana, emprendió el viaje de regreso desolado por la contemplación de tan increíble fraude.

El 19 de octubre de 1512 fue promovido doctor en teología y en mayo de 1515 se le designaba para desempeñar las funciones de vicario de distrito, convirtiéndose en la segunda autoridad alemana de la congregación agustina.

Como religioso, era un hombre muy piadoso, devoto y obsesionado por la cuestión de cómo puede el hombre alcanzar la salvación eterna. No le convencían las tradicionales fórmulas del arrepentimiento, confesión, penitencia y perdón para lavar los pecados. Demasiado fácil desde su punto de vista. La salvación no se podía alcanzar mediante obras sino por medio de una firme y convencida fe en ella. Para Lutero, la liturgia y los sacramentos, pasaban a ser meras manifestaciones externas de valor secundario frente al papel fundamental del diálogo directo e íntimo entre el creyente y Dios. En uno de sus escritos se puede leer el texto que sigue a continuación:

«No se trata aquí solamente de los pecados cometidos con obras, palabras o pensamientos. Sino también de la inclinación al mal. Es un error creer que este mal puede ser curado con las obras, puesto que la experiencia demuestra que, a pesar de todas las buenas obras, esta apetencia del mal subsiste y nadie está exento de ella, incluso un niño de un día. Pero es tal la misericordia divina que, aunque el mal subsiste, no es tenido como pecado por los que invocan a Dios y le piden con lágrimas su liberación... De esta forma somos pecadores a nuestros ojos, y a pesar de esto somos justos ante Dios por la fe».

A principios del siglo XVI Lutero ya se había convertido en un personaje notable. Como profesor en la Universidad de Wittenberg era muy reconocido y a su aula acudían numerosos alumnos, incluso extranjeros. Su autoridad como prior de los agustinos y como provincial de la orden no era discutida por nadie.

Su entusiasmo y temperamento le llevaban a suponerse responsable de una fe particularmente «sajona», prescindiendo de ciertos aspectos de la ortodoxia católica romana. Por otra parte, su inspiración en la Biblia y en los escritos de San Agustín no le hacía suponer posibles interpretaciones que rozaran la herejía.

Atacó en sus sermones con extremada virulencia la práctica que fomentaba la distribución y venta de indulgencias en Alemania. Consideraba inadmisible que una vulgar y despreciable operación de trueque, que una abominable compra-venta humana, pudiera brindar la remisión de unos pecados que ofendieron la misericordia divina.

A pesar de sus discrepancias y personales puntos de vista, no entró en conflicto con la autoridad eclesiástica hasta que en 1517 el príncipe Alberto de Brandemburgo, arzobispo de Magdeburgo, ocupó también los cargos de arzobispo de Maguncia y primado de Alemania. Los sobornos que había tenido que pagar a la Curia romana para alcanzar estos títulos fueron muy elevados y el príncipe había quedado endeudado con la gran banca de los Fugger.

El Papa León X (1475-1521), para obtener fondos para la reconstrucción de la basílica de San Pedro de Roma, promulgó una indulgencia destinada a los que contribuyesen con su aportación, y el arzobispo de Maguncia fue el encargado de llevar a cabo esta misión en Alemania. La oportunidad era única. La venta de aquellas indulgencias podían resolver su situación económica y decidió «repartir» los ingresos: la mitad de los fondos irían a Roma y la otra mitad a sus banqueros.

El fraile dominico Johannes Tetzel fue el elegido por Alberto de Brandemburgo para la venta de indulgencias. Era un hombre de escasa talla intelectual, pero dotado de una energía fuera de lo común. Aprovechando las ferias y mercados de todas las localidades y usando un lenguaje emotivo y popular, vendía su mercancía con gran éxito, saldando siempre sus incursiones con la caja rebosante de monedas. La oración pro indulgencia que promulgaba Tetzel era realmente ultrajante: «*Pon tu dinero en la bandeja, abre las puertas perladas y entra sin chistar*».

Lutero, viendo en este negocio un abuso cruel y blasfemo, hizo colgar sus famosas 95 tesis con el nombre *Disputa para que se aclare el poder de las indulgencias*, en la puerta de la iglesia del castillo de Wittenberg.

Se trataba de un manifiesto donde, en términos duros, no carentes de razón y cargados de poder convincente, se condenaba el bochornoso negocio de las bulas e indulgencias y se atacaba el proceder de la autoridad romana y del Papa, mostrando al mismo tiempo, el desafortunado momento que vivía la Iglesia Católica oficial.

De alguna manera, lo que hizo Lutero fue aprovechar la oportunidad que le brindaba la ocasión, para dar a conocer públicamente su nueva doctrina sobre la justificación por la sola fe, y su gesto provocativo sólo pretendía incitar la discusión sobre cuestiones teológicas, en especial sobre la indulgencia y el valor de las buenas obras en general.

A pesar de los ataques e intentos de conciliación que recibió por parte de la Iglesia, Lutero se mantuvo firme en su rebelde actitud, rompiendo toda posible conciliación con estas palabras:

> «*La suerte está echada; yo desprecio el furor y el favor de Roma, no quiero reconciliación ni comunión con ellos en toda la eternidad*».

Las tesis de Lutero se difundieron rápidamente por toda Alemania despertando gran expectación. El Papa León X, queriendo atajar rápidamente el nacimiento de una nueva herejía, conminó a Lutero a retractarse ante el cardenal Cayetano, legado pontificio, que residía en Ausburgo. Cayetano, con una actitud entre autoritaria y paternal, le emplazó solemnemente a que repitiera con él el texto siguiente:

«Me retracto de mis errores y prometo no volver a caer en ellos: jamás volveré a turbar la paz de la Iglesia».

Lutero no sólo se negó sino que defendió sus creencias sin ceder en un solo punto. El cardenal se ofendió y se enzarzaron, según cuentan los presentes, en una disputa a gritos jamás vista. Lo que más hizo enfurecer a Cayetano fue que Lutero, volviéndole la espalda, le dejó con la palabra en la boca y se retiró sin solicitar la gracia de su permiso.

En el año 1520, el Papa publicó la bula *Exurge Domine* condenando las doctrinas de Lutero como heréticas, prohibiéndole predicar y ordenando la quema de sus libros. Como desafío, Lutero quemó públicamente la bula papal por lo que fue excomulgado.

Posteriormente, Lutero fue llamado a una Dieta (asamblea) que se convocó en Worms. Allí fue sometido a juicio por el emperador del Sacro Imperio Romano-Germánico Carlos V, católico firme, junto con los seis electores de los estados alemanes y otros líderes dignatarios, religiosos y seglares. Cuando de nuevo se ejerció presión para que se retractara, Lutero replicó con su famosa declaración:

«A menos que se me convenza con las Escrituras y la razón pura, no puedo retractarme de nada, ni me

retractaré: puesto que ir en contra la conciencia no es
justo ni seguro. Dios me ayude. Amén».

Seguidamente, el emperador, lo declaró fuera de la ley. Sin embargo, el elector Federico de Sajonia, seguidor de su doctrina, acudió en su ayuda y le ofreció protección en su castillo de Wartburgo.

Durante los diez meses que pasó en la seguridad del castillo se dedicó a sus escritos, ampliando ostensiblemente su obra. Con el texto griego de Erasmo como base, inició la traducción de la Biblia al alemán, labor que terminaría doce años más tarde.

En los años siguientes a la Dieta de Worms, la mayoría de humanistas alemanes simpatizaron con las posturas luteranas y detrás de ellos la burguesía en pleno. Sin duda, el desarrollo de la imprenta se convirtió en un vehículo de persuasión de masas. Tanto había arraigado la doctrina de Lutero que, en el año 1526, el emperador concedió a cada estado alemán el derecho a escoger su propia forma de religión, la luterana o la romana. Cuando tres años más tarde, y presionado por Roma, el emperador revocó aquella decisión, la mayoría de los príncipes alemanes protestaron enérgicamente, de ahí viene a llamarse «protestantes» a los seguidores de la Reforma de Martín Lutero.

Por otro lado, Lutero siempre afirmó que los clérigos, frailes y monjas no tan sólo podían casarse a pesar de los votos, sino que estaban obligados a ello. Para dar ejemplo, en 1525, él mismo se casó con Catalina de Bora, una religiosa con la que tuvo cinco hijos.

Poco tiempo después, en el año 1530, el emperador trató de conciliar las diferencias y enfrentamientos entre católicos y protestantes convocando la Dieta de Ausburgo. Por parte de los luteranos, el humanista Felipe Melanchton, presentó un documento, basado en las enseñanzas de Lutero, donde constaban sus creencias. Aunque el tono del documento era muy conciliatorio, la Iglesia Romana lo rechazó, siendo, a partir de entonces, imposible la armonía entre ambos. La mayoría de estados alemanes se pusieron de parte del luteranismo y en poco tiempo se le añadieron los escandinavos.

El gran afán e interés de Lutero, fue siempre dedicarse a su querido pueblo alemán. Desconfiaba de las demás naciones tanto como del poder romano. Nunca pretendió la liberación de toda la cristiandad oprimida por el papado, sino la sola independencia de la fe alemana. Sin duda le halagaron las adhesiones procedentes de Francia, Suiza, Holanda, Inglaterra y otros países más o menos vecinos, pero acogió con cierto escepticismo toda sugerencia llegada de estos lugares.

Escribió en 1525 una muy cuidada «misa alemana», cuyas palabras, música y cantos habían sido extraídos de melodías populares alemanas. A partir de esta época, Lutero escribió primordialmente en alemán. En el año 1529 publicó el «Gran Catecismo» donde ofrecía un modelo de doctrina para los ministros y el «Pequeño Catecismo», una soberbia y original combinación de instrucción y oraciones en una prosa alemana sencilla y directa.

Pero la gran obra de Lutero, fue sin duda su traducción de la Biblia al alemán. Como ya hemos visto anteriormente, empezó esta magna obra en el año 1522, estando recluido en el castillo de Wartburgo, y la terminó en 1534. Con ella realizó un prodigioso trabajo de adaptación y ajuste a la mentalidad y al modo de ser alemán de los textos griegos y hebreos, despreciando los latinos. Nuevo y Antiguo Testamento quedaron vertidos en un lenguaje comprensible para el pueblo alemán, única finalidad que el teólogo se había propuesto. Informes de la época dicen que se vendieron cinco mil ejemplares en dos meses y doscientos mil en doce años. La influencia de su Biblia en el lenguaje y la cultura alemana fue decisiva. Según el poeta Heine: «*Lutero creó la lengua alemana al emprender su gran traducción de la Biblia*».

El 22 de enero de 1546 partía el gran reformador hacia Eisleben, su pueblo natal, donde su presencia había sido requerida. Enfermo y agobiado de penosos achaques, allí le sorprendió la muerte a las tres de la madrugada del día 18 de febrero de 1546.

FRAGMENTACIÓN DE LA REFORMA

La renovación teológica de la Reforma no acabó con Lutero. Algunos de sus seguidores revisaron profundamente sus bases doctrinales y con nuevas interpretaciones, se escindieron del Luteranismo. Veamos las más representativas.

ZWINGLIO

En Suiza, el sacerdote Ulrico Zwinglio (1484-1531) provocó a partir del año 1520 un nuevo movimiento de apostasía. Zwinglio era un hombre optimista, nacionalista suizo y formado en el humanismo de Erasmo. Su reforma era racionalista, crítica e impregnada por el sentido del orden y la disciplina. Más osado que Lutero, eliminó de forma sistemática todo aspecto del catolicismo que no estuviese fundamentado claramente en las Escrituras: la misa, el celibato del clero, las festividades, los santos y la música religiosa.

La gran discrepancia con Lutero radicaba en la doctrina del sacramento del altar. Lutero, aunque negaba la transubstanciación del pan y del vino en el sacramento de la Eucaristía, sí afirmaba tajantemente la presencia de Cristo en la misa. Para él las palabras de Jesús «*Este es mi cuerpo*» significaban exactamente eso: «*Si Dios dijo estas palabras, no busques nada más, descúbrete*». Para el racionalista Zwinglio esto era una superstición. Sostenía que la declaración de Jesús se tenía que tomar en sentido metafórico y su lectura era que «el pan significa mi cuerpo» o «es una representación de mi cuerpo». Negaba la presencia de Cristo en la misa que la consideraba como un ritual folclórico.

Esta diferencia hizo que los dos reformadores, a pesar de intentos de conciliación, se alejaran definitivamente el uno del otro.

Zwinglio continuó predicando su doctrina reformista en Zurich y otras ciudades siendo bien recibida, pero la mayoría de la población rural, más conservadora, se apegó al catolicismo tradicional.

El enfrentamiento entre las dos tendencias, la protestante zwingliana y la católica, desembocó en una guerra civil. En el año 1531, en la batalla de Kappel, murió Zwinglio mientras servía de capellán en su ejército. En la subsiguiente paz se reconoció la igualdad de derechos de ambas religiones, permitiendo a cada región escoger la que quisiera. Con ello vino a establecerse en Suiza una situación análoga a la que la Dieta de Ausburgo había creado en Alemania.

CALVINO

Mayor importancia que Zwinglio, puesto que su doctrina reformadora rebasó ampliamente las fronteras de Suiza, la tuvo Juan Calvino (1509-1564). Nacido en Noyon cerca de París, este sacerdote católico incansable estudioso de la Biblia, al igual que sus predecesores, creyó haber encontrado evidentes contradicciones entre las Sagradas Escrituras y la teología católica. Queriendo emular a Lutero, empezó a esbozar una nueva doctrina que le permitiera darse a conocer como reformador.

En 1534 abandonó Francia, que no toleraba a los no católicos, y se estableció en Ginebra, ciudad que, aunque pertenecía al Imperio alemán, de hecho era independiente. Allí instaló una especie de república teocrática que él mismo rigió. En su obra *Institutio christianae religionis*, publicada en 1536, expuso su doctrina de la predestinación, por la cual Dios es el soberano absoluto, cuya voluntad determina y rige sobre todo. Por contraste, el hombre caído es pecaminoso y no merece nada. Por lo tanto, la salvación no depende de las buenas obras del hombre, sino de Dios. Así resume Calvino su doctrina:

> «*Aseguramos que por consejo eterno e inmutable Dios ha determinado de una vez por todas tanto a quienes admitiría en la salvación como a quienes condenaría a la destrucción. Afirmamos que este consejo, en lo que se refiere a los escogidos, se funda en Su misericordia gratuita, prescindiendo totalmente del mérito humano; pero que para los que dedica a la condenación la puerta de la vida está cerrada por un juicio justo e irreprensible, pero incomprensible*».

Insistía Calvino en que los cristianos tenían que llevar vidas santas y virtuosas, y no sólo abstenerse del pecado, sino también del placer y lo frívolo.

Terriblemente intransigente y dictatorial, castigaba severamente a cuantos se oponían o se mostraban reacios a aceptar su doctrina. La lista de víctimas, sería interminable.

Basta recordar la horrible muerte en la hoguera del médico español Miguel Servet, que había osado polemizar con él.

Hasta su muerte continuó aplicando Calvino su reforma en Ginebra quedando su iglesia firmemente establecida y sus nuevos maestros predicando su doctrina. Pronto el calvinismo llegó a Francia, donde los «hugonotes» (protestantes calvinistas franceses) fueron duramente perseguidos por los católicos. En los Países Bajos los calvinistas establecieron la Iglesia Holandesa Reformada. En Escocia, la Iglesia Presbiteriana. El calvinismo también desempeñó un papel importante en el movimiento de la Reforma en Inglaterra y desde allí pasó, con los puritanos, a América del Norte.

Si Lutero fue quien inició la Reforma, Calvino fue quien ejerció el mayor desarrollo y expansión de la doctrina reformista.

INGLATERRA

La Reforma de los ingleses nada tuvo que ver con la de Alemania o Suiza. Como ya hemos visto anteriormente en los primeros intentos reformistas, John Wiclef a través de su predicación anticlerical y haciendo hincapié en la Biblia, inició un espíritu protestante en Inglaterra. Pero el rompimiento formal de Inglaterra con el catolicismo romano vino de la mano de su rey Enrique VIII (1509-1547) y por motivos mundanos, totalmente alejados de distintas posturas de fe o discrepancias teológicas.

Tras la aparición de las primeras ideas reformistas luteranas, Enrique VIII publicó un escrito en contra de tal movimiento, por lo cual el Papa León X le concedió el título de «defensor de la Fe», título que aún hoy ostentan los monarcas ingleses. Este rey despótico, de carácter inconstante y desprovisto de principios morales, estaba casado con Catalina, hija de los Reyes Católicos y concibió el proyecto de casarse con su amante del momento Ana Bolena y hacerla reina. Para ello y utilizando sutiles sofismas intentó que el Papa Clemente VII (1478-1534) iniciara un proceso de divorcio. Estas infructuosas negociaciones fueron alargándose durante algunos años hasta que Tomás Cranmer, arzobispo de Canterbury, hombre dúctil y sin escrúpulos, cortó por lo sano y declaró la nulidad del matrimonio con Catalina.

Clemente VII cumplió con su deber y declaró inválido el nuevo matrimonio con Ana Bolena y excomulgó al rey. Ante ello Enrique VIII declaró ante el parlamento en el año 1534 que la Iglesia inglesa quedaba separada de la romana católica y substituyó la jurisdicción papal por la supremacía del rey. Así de sencilla e incongruente fue la ruptura.

Por supuesto, esta separación no implicaba ni una nueva doctrina ni un nuevo culto. Por ello no tuvo mayor repercusión ni resistencia entre la mayoría de fieles, acostumbrados a la más estricta sumisión al poder. Pocos intentaron oponerse a tal sinrazón, como el Obispo de Rochester, John Fisher, que defendió los derechos de la reina Catalina y el jurista y político Tomas Moro, que fueron ajusticiados.

Es necesario incidir, aunque sea superficialmente, sobre la figura de este gran personaje que fue Tomás Moro (1478-1535), una de las figuras más nobles de toda la historia inglesa. Hombre de gran cultura y humanista de fama europea. En su fenomenal libro *Utopía*, palabra adaptada por todos los lenguajes modernos para describir un proyecto inalcanzable, nos muestra el estado ideal del hombre en una república imaginaria. Siempre jovial e ingenioso en sociedad, hizo una brillante carrera como político y fue nombrado lord canciller por Enrique VIII. Abrigó, Moro, la esperanza de reconducir al rey por el buen camino y cuando se convenció de que era imposible, dejó sus cargos y se retiró a la vida privada. Se negó rotundamente a abjurar del catolicismo y reconocer la supremacía eclesiástica del rey, así como a asistir a la coronación de Ana Bolena.

Acusado de alta traición por el propio rey, fue juzgado, condenado a muerte y decapitado. En 1886 fue beatificado por el Papa León XIII y en 1935 canonizado por el Papa Pío XI.

Durante el reinado de Isabel I de Inglaterra (1533-1603) la Iglesia Anglicana se hizo protestante. Abolió la autoridad papal, el celibato del clero, la confesión y otras prácticas católicas, pero conservó la forma eclesiástica de estructura jerárquica. Los puritanos exigían reformas más completas para distanciarse aún más de las prácticas católico romanas e insistían en que los asuntos eclesiásticos estuvieran a cargo de ancianos locales (presbíteros). Muchos disidentes huyeron a América del Norte desarrollando con mayor libertad sus propias iglesias, como los Cuáqueros, Metodistas, Ejército de Salvación, Bautista, Pentecostal y Congregacional.

CONSECUENCIAS

La mayoría de estudiosos consideran que la Reforma y sus tres principales corrientes (luterana, calvinista y anglicana), formaron un movimiento de profunda renovación espiritual teñido de misticismo y de toda una serie de connotaciones éticas, cívicas y políticas.

El resultado fue que a mediados del siglo XVI una gran parte de Europa se había separado de la Iglesia.

Totalmente católicas sólo seguían siendo Italia y España. Se calcula que en aquella época la población, sin contar Rusia y los países balcánicos, podía calcularse en unos sesenta millones de habitantes, de los cuales un tercio, veinte millones, se habían hecho reformistas. Jamás la Iglesia de Roma había sufrido una pérdida tan grande, ni siquiera en el siglo V, cuando se escindieron los nestorianos y los monofisitas, que apenas alcanzaban más de tres o cuatro millones. Tampoco puede compararse con el Cisma de Oriente de 1054, pues cuando se separó la Iglesia ortodoxa había menguado ostensiblemente el número de cristianos en los antiguos territorios griegos.

¿Cómo pudo ocurrir una escisión de tales proporciones en tan pocos decenios? Esta es una pregunta que se plantean historiadores de todas las tendencias. Las respuestas y las interpretaciones son múltiples.

UNA FE REPARTIDA

Después de dos mil años de desencuentro, el cristianismo queda dividido en la siguiente forma:

CATÓLICOS

Latinos (1.034 millones). Tronco principal del cristianismo y también el menos ramificado tras los cismas de 1054 (Oriente) y 1520 (Reforma protestante). Reconocen al Papa como sucesor del apóstol Pedro que, como cabeza de la Iglesia, ejerce funciones de guía. Creen en la infalibilidad de los enunciados papales en materia de fe. Dan especial relieve al papel mediador de María madre de Dios y sin pecado concebida (dogma de la Inmaculada

Concepción). El mayor número de católicos se concentra actualmente en Latinoamérica (350 millones), seguida de Europa (303 millones), África (112 millones), Asia (102 millones), Norteamérica (74 millones) y Oceanía (8,3 millones).

Uniatas (16 millones). Son las iglesias de Oriente en comunión con Roma. Se agrupan en cinco grandes tradiciones: alejandrina, antioquena, armenia, caldea y bizantina.

IGLESIAS ORIENTALES

Ortodoxos (200 millones). Orientales de tradición bizantina a partir del Cisma de 1054, cuando Roma y Constantinopla se separaron. Reconocen como primacía honorífica al patriarcado de Constantinopla.

Nestorianos (4 millones). Cristianos seguidores del patriarca Nestorio que consideran que María es sólo madre de Cristo como persona humana y niegan que fuera madre de Dios. Doctrina condenada en el Concilio de Efeso. La Iglesia nestoriana tuvo gran expansión en Asia Central, China e India.

Monofisitas (25 millones). Seguidores de Eutiques que reconocen en Cristo una única naturaleza divina, negando la humana. Doctrina condenada en el Concilio de Calcedonia. Se difundió por Egipto, Siria y Armenia.

PROTESTANTES

Luteranos (61 millones). Seguidores de Martín Lutero. La Federación Luterana Mundial, creada en 1947, agrupa a unas 147 iglesias de distinto tipo.

Calvinistas (50 millones). Conjunto de iglesias inspiradas en Calvino, más severas que las del luteranismo. Lograron difundirse con la expansión colonial anglosajona por Estados Unidos, Canadá y Australia. Bajo su influjo nacieron sectas místico-entusiastas como los cuáqueros.

Anglicanos (70 millones). Es la Iglesia nacional de Inglaterra. Está dividida en tres ramas (*High Church, Low Church* y *Broad Church*), cuenta con 450 obispos repartidos por 124 países de todos los continentes, que guardan fidelidad al arzobispo de Canterbury. En Estados Unidos se llama Iglesia Episcopal.

Metodistas (50 millones). Escindidos de los anglicanos, son una de las principales iglesias evangélicas en el mundo. Fundada por los hermanos John y Charles Wesley, constituyó una de las primeras iniciativas de evangelización popular con grandes mítines dirigidos al proletariado. Se llaman metodistas por su énfasis en la piedad interior, la devoción y la santificación personal.

Pentecostales (200 millones). Surgieron de los metodistas principalmente entre la comunidad negra y los inmigrantes europeos de Estados Unidos. Muy difundidos entre los sectores sociales más pobres en las periferias de las grandes ciudades del continente americano.

Baptistas (38 millones). Es una de las mayores iglesias evangélicas nacida a finales del siglo XVII en Ámsterdam, pero concentrada después en Estados Unidos. Basada en el sacramento del Bautismo de los adultos (por inmersión), la Biblia como autoridad universal y la libertad teológica. Rechaza las formas eclesiásticas y defiende la separación de Iglesia y Estado.

Adventistas (5 millones). Escindidos de los baptistas, esperan una segunda y definitiva llegada de Jesucristo. Forman unos cincuenta grupos, siendo uno de los más activos el de los Adventistas del Séptimo Día.

OTRAS IGLESIAS CRISTIANAS

Iglesia Valdense (50.000). Anterior a la Reforma protestante, es la más antigua disidencia cristiana de inspiración evangélica. Fundada entre los siglos XII y XIII por el comerciante Pedro Valdo, fueron declarados como herejes junto a los cátaros, en el Concilio de Pavía. Actualmente gestionan obras sociales y disponen de una facultad de teología en Roma.

Menonitas (1,3 millones). Fueron los más radicales de la Reforma protestante. Sólo administran el bautismo a las personas adultas y predican la separación entre la comunidad cristiana y el resto de la comunidad civil. Organizados por Menno Simons, tomaron el nombre de menonitas y se convirtieron en una iglesia de fuerte carácter pacifista. Actualmente está radicada en Estados Unidos.

GRUPOS O SECTAS DE RAÍZ CRISTIANA

Mormones (1,5 millones). Comunidad religiosa de matriz cristiana, de fuerte carácter visionario y milenarista y de gran exigencia moral. Se considera a sí misma la verdadera iglesia de Jesucristo. Este grupo está especialmente radicado en el estado norteamericano de Utah.

Elegido como el hijo de Dios en la Tierra, Jesús, al margen de su indiscutible vinculación con la Iglesia, que nace gracias a él, es para otras doctrinas un icono de elevación espiritual.

Testigos de Jehová (3 millones). Grupo fundado en 1878 por Ch. T. Rusell, comerciante de Pittsburg que había sido presbiteriano y adventista. Los testigos de Jehová, que están considerados como una secta, tanto por católicos como por protestantes, consideran la espera de un próximo fin del mundo como uno de los aspectos centrales de su doctrina.

LOS SACRAMENTOS

En su sentido más amplio, la palabra «sacramento» (en griego, *misterio*), se traduce como el signo o símbolo de algo sagrado y oculto. El uso de símbolos sagrados es ancestral y todas las religiones, consideradas por unos u otros, verdaderas o falsas, han utilizado sus propios símbolos o sacramentos. De hecho, el mundo en su totalidad es un vasto sistema sacramental ya que está compuesto por cosas materiales tangibles y cosas espirituales y arcanas.

Los estudiosos de las antiguas Escrituras y los teólogos, casi por unanimidad, afirman la presencia de símbolos o sacramentos bajo la ley natural y bajo la ley mosaica (de Moisés) del mismo modo como existen bajo la Nueva ley (de Cristo).

SACRAMENTOS DE LA LEY NATURAL

Bajo la ley natural, dicha así porque en ese tiempo todavía no existía la ley escrita, la salvación se otorgaba a través de la fe en el redentor prometido, y los hombres expresaban su fe por medio de algunas señales externas creadas por ellos mismos, probablemente por sus líderes o jefes de familia.

Nos cuenta la Biblia que en el siglo XXI a.C, en tiempos de Abraham, patriarca hebreo y padre de la nación, la fe se había debilitado y muchos habían caído en la idolatría y la luz de la razón se había oscurecido a fuerza de ser indulgentes con las pasiones. Entonces Dios se apareció a Abraham y le dijo:

> «*Guardaréis mi alianza tú y tu descendencia en el transcurso de las generaciones. La alianza que será guardada es ésta: Todo varón entre vosotros será circuncidado. Vosotros circuncidaréis la carne de vuestro prepucio y ésta será la señal de la alianza entre mi y vosotros*» (*Gén.* 17,10-11).

La mayoría de teólogos señalan la circuncisión como el primer sacramento de institución de la ley natural, ya que había sido escogido y determinado por el mismo Dios como signo de fe y como señal para que sus fieles se distinguieran de los no creyentes, y consideran su ceremonia como un remedio al pecado original.

SACRAMENTOS DE LA LEY MOSAICA

Ya más cercano el tiempo de la venida de Cristo, en el siglo XIII a.C. y para que los israelitas pudiesen estar mejor instruidos, Dios habló a Moisés, revelándole en detalle los signos sagrados y las ceremonias por las cuales ellos debían manifestar su fe en el futuro redentor. Estos signos y ceremonias fueron los sacramentos de la ley mosaica, «*los cuales se comparaban con los sacramentos que existían antes como algo determinado se compara a lo indeterminado, ya que antes de la ley no se había determinado qué signos deberían usar los hombres*» (*ST* III,61:3). Los teólogos generalmente dividen los sacramentos de este período en tres clases:

• Las ceremonias por las que los hombres eran considerados como seguidores del culto y las que investían a
algunos escogidos como ministros de Dios. De este modo
tenemos: *a)* la circuncisión para todo el pueblo, instituida
como ya hemos visto, en tiempos de Abraham, y *b)* los
ritos sagrados por los que se consagraban a los sacerdotes.

• Las ceremonias consistentes en el ofrecimiento al
servicio de Dios: *a)* el cordero pascual para todo el pueblo, *b)* los panes de la preposición para los ministros.

• Las ceremonias de purificación: *a)* varias expiacio-
nes orientadas al pueblo, *b)* lavado de manos y pies y
rapado de pelo para los sacerdotes.

La Iglesia católica confirma que los sacramentos de la
antigua ley no conferían la gracia por sí mismos, sino
únicamente en razón de la fe en Cristo que ellos repre-
sentaban.

SACRAMENTOS DE LA NUEVA LEY

Los sacramentos considerados hasta este momento
eran simplemente signos de cosas sagradas. Según la enseñanza de la Iglesia católica, los sacramentos de la nueva ley
no son meros signos que significan la gracia divina, sino
que la causan en las almas de los hombres por virtud de su
institución divina.

Los Evangelios hablan de la institución de cinco
sacramentos: Bautismo, Eucaristía, Penitencia, Órdenes y
Matrimonio. De la Extremaunción y la Confirmación no
se hallan referencias sobre su institución, pero sí dicen
que ya existían en tiempo de los apóstoles y por tanto la
Iglesia deduce que tuvieron que ser también instituidos
por Jesucristo.

Fue el teólogo italiano Pedro Lombardo (1100-1160) quien, por primera vez, en su obra *Libri quattuor sentenciarum* (Cuatro libros de sentencias), enumeró siete sacramentos: Bautismo, Confirmación, Penitencia, Eucaristía, Extremaunción, Órdenes y Matrimonio y los definió como signos sagrados que producen la gracia. Esta definición y enumeración fue inmediatamente aceptada por la Iglesia al considerar que había expresado de forma conveniente y precisa lo que durante siglos había defendido la doctrina cristiana.

El Concilio de Trento (1545-1563) estableció que:

> «*Si alguno dijere que los sacramentos de la Nueva Ley no fueron instituidos por Jesucristo o que alguno de ellos no es verdadera y propiamente sacramento, sea anatema*».

Con ello reafirmó solemnemente la institución por Jesucristo de los siete sacramentos de la nueva ley definiéndolos como «*signos sensibles instituidos por Jesucristo para darnos la gracia santificante*» y añadió que «*la gracia es un don sobrenatural que Dios concede para alcanzar la vida eterna*».

Santo Tomás de Aquino (1225-1274), uno de los más grandes teólogos y filósofos de la historia de la cristiandad, nos dice que todos los sacramentos fueron instituidos para el bien espiritual de quien los recibe y son siete porque así fue la voluntad de Jesucristo al instituirlos. Cinco de ellos (Bautismo, Confirmación, Eucaristía, Penitencia y Extremaunción), benefician directamente a la persona en su carácter privado, mientras que los otros dos (Órdenes y Matrimonio), afectan al hombre como ser social y lo santifican para el cumplimiento de sus obligaciones hacia la Iglesia y hacia la sociedad. Y añade que por el Bautismo el hombre nace de nuevo; la Confirmación hace cristianos fuertes y perfectos soldados; la Eucaristía procura la diaria comida espiritual; la Penitencia sana el alma herida por el pecado; la Extremaunción quita los últimos restos de la fragilidad humana y prepara al alma para la vida eterna; las Órdenes proveen de ministros a la Iglesia, y el Matrimonio otorga la gracia necesaria a aquellos que deben educar hijos en el amor y temor de Dios, como miembros de la Iglesia militante y futuros ciudadanos del Cielo.

Considera Santo Tomás que la Eucaristía, alimento espiritual para el cristiano, es el regalo más sublime que Dios nos otorga y lo clasifica como el primer sacramento en cuanto a dignidad por contener a Dios en persona y ser el centro en el que giran los demás. Aparte de la Eucaristía, sólo tres del resto de los sacramentos son estrictamente necesarios: el Bautismo para todos, la Penitencia para aquellos que hayan caído en pecado mortal después del Bautismo, y las Sagradas Órdenes para la Iglesia. Los demás no son tan necesarios: la Confirmación completa la tarea del Bautismo, la Extremaunción completa la de la Penitencia y el Matrimonio santifica la procreación y educación de los hijos, y no lo considera tan importante ni necesario como la santificación de los ministros de la Iglesia. (ST III,56,3)

La Iglesia católica dicta que hay tres sacramentos que imprimen carácter, (en griego *charakter* —señal o marca imborrable que se imprime, pinta o esculpe en cualquier cosa—). Estos sacramentos que imprimen este sello imborrable en el alma y que son irrepetibles son: el Bautismo, la Confirmación y las Órdenes.

En la celebración de un sacramento, el ministro ha de tener la intención de realizar la acción sacramental que Jesucristo confió a su Iglesia. Sin embargo, el poder santificador de los sacramentos no depende ni de la fe, ni de la santidad de los ministros, porque cuando un ministro bautiza o perdona, es el mismo Jesucristo quien bautiza o perdona.

BAUTISMO

Jesús fue bautizado por Juan *el Bautista* en el río Jordán, y los Evangelios recogen que el Espíritu Santo apareció sobre él en forma de paloma y que una voz dijo «Este es mi Hijo, en quien he puesto mi complacencia».

Por el Bautismo se nace a una nueva vida, la vida de la gracia y de la fe. Es un sacramento por el que mediante el agua e invocando a la Santísima Trinidad, además de borrar el pecado original, hace al neófito cristiano, miembro de la Iglesia, hijo adoptivo de Dios y heredero del cielo. Es la puerta de entrada en la Iglesia, por ello, no se puede recibir válidamente ningún otro sacramento sin haber sido bautizado.

En los primeros años del cristianismo, el Bautismo se realizaba por inmersión del bautizado en el agua. Pero ya a finales del siglo I el *Didakhé* (Primer catecismo de autor desconocido fechado sobre el año 70 que contiene la doctrina más elemental de orden práctico, litúrgico y moral para la iniciación cristina), nos habla del Bautismo por infusión, derramando agua sobre la cabeza.

La Comisión Vaticana para la Doctrina de la Fe afirma que sigue en todo su vigor la obligación de bautizar «enseguida» a los niños nacidos de padres cristianos, para que se les perdone el pecado original y queden hechos cristianos. El actual Código de Derecho Canónico entiende que al haber disminuido mucho la mortalidad infantil, esa forma de «enseguida» puede entenderse con mayor amplitud, pero los hijos deben bautizarse en las primeras semanas. Privar voluntariamente a los niños durante largo tiempo de este sacramento puede ser un pecado grave.

No es absolutamente cierto, nos dice la Iglesia católica, que puedan salvarse los niños que mueren sin Bautismo, pero tampoco es absolutamente cierto que no puedan salvarse. Este misterio lo resuelve la Iglesia con el «limbo», que es el lugar o estado donde van las almas de los que han muerto sólo con el pecado original. No pueden entrar en el cielo por hallarse en pecado, pero tampoco pueden ir al infierno ni al purgatorio por carecer de pecados personales. El «limbo» es una conclusión teológica defendida hoy por casi todos los teólogos católicos.

El ministro encargado de bautizar es el párroco, pero ante una situación de extrema gravedad con peligro de muerte inmediata, la Iglesia contempla el Bautismo de Deseo, por el que cualquier hombre o mujer puede administrar el sacramento. Basta con que tenga uso de razón y demuestre el verdadero deseo de hacerlo. Para ello es preciso derramar agua sobre la cabeza del niño, diciendo, con intención de bautizar: «Yo te bautizo en el nombre del Padre, y del Hijo y del Espíritu Santo».

Según documento de la Sagrada Congregación para la Doctrina de la Fe, es obligación de los padres educar cristianamente con la palabra y el ejemplo al hijo bautizado y elegir unos padrinos que suplan a los padres, si éstos faltan, para ejercer el mismo cometido.

Citas de las Sagradas Escrituras:

• «*En verdad te digo que el que no nace de agua y del Espíritu Santo no puede entrar en el reino de Dios*» (Jn. 3,5).
• «*Después de esto, fue Jesús con sus discípulos a la tierra de Judea, donde moraba con ellos y bautizaba*» (Jn. 3,22).

• «*Id, pues, y haced discípulos míos todos los pueblos, bautizándolos en el nombre del Padre y del Hijo y del Espíritu Santo*» (*Mt.* 28,19).

• «*Id por todo el mundo y predicad el Evangelio a toda criatura. El que crea y sea bautizado se salvará, pero el que no crea será condenado*» (*Mc.* 16,15-16).

• «*Continuando su camino, llegaron donde había agua, y dijo el eunuco: He aquí agua; ¿Qué impide que sea bautizado? Y dijo Felipe: Si crees con todo tu corazón, se puede. Y respondió: Creo que Jesucristo es Hijo de Dios. Y mandó detener el carro. Bajaron al agua Felipe y el eunuco, y lo bautizó*» (*He.* 8,36-37-38).

• «*Dijo entonces Pedro: ¿Puede acaso alguien negar el agua del bautismo a éstos, que recibieron el Espíritu Santo como nosotros?*» (*He.* 10,47).

CONFIRMACIÓN

Los apóstoles eran conscientes de que efectuaban un rito sacramental cuando, imponiendo las manos sobre la cabeza y mediante la oración, tenía efecto la comunicación del Espíritu Santo.

En todas las comunidades cristianas en que se bautiza a los niños, se ha previsto una ceremonia de Confirmación para que, cuando el fiel ha alcanzado la edad de la razón, pueda fortalecer la gracia recibida del Bautismo haciendo profesión de fe y comprometiéndose a renunciar al mal. Con anterioridad a la recepción de la Confirmación, los niños o los adultos (pues puede administrarse a cualquier edad) son instruidos plenamente sobre la fe cristiana. El obispo, y en ocasiones especiales también un sacerdote, administra este sacramento ungiendo la frente del candidato con el santo crisma (aceite y bálsamo mezclado que santifica el obispo el Jueves Santo), e imponiendo las manos sobre la cabeza, pronuncia las siguientes palabras: «Recibe la señal del don del Espíritu Santo».

Los dos efectos principales que transmite la Confirmación son: *a)* aumento de la gracia santificante, dando fortaleza para, si llegara el caso, confesar públicamente la fe, y *b)* impresión del carácter por el que se fija en el alma una señal espiritual e indeleble, razón por la que este sacramento no puede repetirse en la misma persona.

Citas de las Sagradas Escrituras:

* *«El Espíritu Santo aún no había descendido sobre ninguno de ellos, y sólo habían recibido el Bautismo en el nombre del Señor Jesús. Entonces les impusieron las manos, y recibieron el Espíritu Santo»* (He. 8, 16-17).
* *«Cuando Pablo les impuso las manos, descendió sobre ellos el Espíritu Santo»* (He. 19, 6).

PENITENCIA

También llamado confesión o sacramento de la reconciliación. La Iglesia católica entiende que el poder de perdonar no fue concedido a los apóstoles como carisma personal sinó que fue concedido a la Iglesia como institución permanente.

Después de haber quedado los cristianos limpios de pecado por efecto del Bautismo, es inherente en el ser humano volver a pecar una y otra vez rompiendo así la relación de confianza con Dios. Desde la época de Carlomagno quedó establecida en Occidente la práctica de confesar con regularidad los pecados a un sacerdote. De esta manera el penitente podía demostrar que estaba sinceramente arrepentido y, si aceptaba con humildad la penitencia que se le imponía, quedaba absuelto y cabía la seguridad de que Dios le perdonaba.

Actualmente se mantiene esta práctica por la que el sacerdote, en nombre de Jesucristo y mediante la absolución, perdona al cristiano arrepentido los pecados cometidos.

La Iglesia católica contempla dos tipos de pecado: el Venial, cuya pena es temporal y se disminuye mediante la confesión, y el Mortal, cuya pena es eterna y la confesión la cambia por la temporal. También marca para hacer una buena confesión, las siguientes normas:

• Hacer el examen de conciencia: pedir ayuda a Dios para recordar los pecados y tener verdadero arrepentimiento.

• Dolor de los pecados: el deseo de no haberlos cometido; *a)* por Contrición (dolor perfecto de los pecados, es decir, por amor de Dios y *b)* por Atrición (dolor imperfecto de los pecados, es decir por temor al castigo).

• Propósito firme de enmienda: huir de la ocasión de pecar.

• Confesión de los pecados: se deben decir todos los pecados al confesor. Si son mortales, el número de cantidad y veces.

• Cumplir la penitencia impuesta por el sacerdote: imprescindible para quedar perdonado.

Citas de las Sagradas Escrituras:

• «*A quienes perdonareis los pecados les serán perdonados, a quienes se los retuviereis, les serán retenidos*» (*Jn.* 20, 23).

• «*Si dijéramos que no tenemos pecado, nos engañaríamos a nosotros mismos, y no estaría con nosotros la verdad. Si con-*

fesamos nuestros pecados, él es justo y fiel, nos perdona nuestros pecados y nos purifica de toda iniquidad» (C. Juan 1, 8-9)

Concilio de Trento (1545-1563)

• *«...fue comunicada a los apóstoles y a sus legítimos sucesores la potestad de perdonar y de retener los pecados para reconciliar a los fieles caídos después del Bautismo»* (Dz. 894).

EUCARISTÍA

Desde el principio, los miembros de la Iglesia de Cristo se reúnen para conmemorar el rito que Él mismo instituyó. En la Última Cena comió con sus discípulos, tomó el pan y después de dar las gracias, lo repartió entre sus discípulos diciendo: «Tomad y comed. Este es mi cuerpo, que es dado por vosotros». Del mismo modo, después de la cena tomó la copa de vino y dijo: «Bebed de él todos, que esta es mi sangre del Nuevo Testamento, que será derramada por muchos para remisión de los pecados». Y les recomendó: «Haced esto en memoria mía». Esta Sagrada Comunión, Cena del Señor, Eucaristía o Misa, según la llaman las diferentes comunidades, la celebran los cristianos de todo el mundo como sacramento de redención.

Es Dogma de Fe para la Iglesia católica que este sacramento de la *eucaristía* (del griego *eucaristía*, acción de gracias) contiene verdadera, real y sustancialmente el cuerpo, sangre, alma y divinidad de Jesucristo. Mediante las palabras de la consagración que efectúa el sacerdote en la misa, se produce el misterio de la transubstanciación, por el cual el pan y el vino se transforman en el verdadero cuerpo y sangre de Cristo, sin perder su apariencia primitiva, para alimento espiritual de los cristianos que reciben la Sagrada Comunión con las debidas disposiciones.

Como condiciones primordiales para que se produzca el milagro de la transubstanciación, los elementos han de ser pan de trigo y vino de uva, sin lo cual la «confección del sacramento no tiene lugar» (*Missale Romanum: De defectibus*, secc. 3).

La Iglesia honra a la Eucaristía como uno de sus más elevados misterios, ya que por su majestad e incomprensibilidad acompaña a los dogmas de la Trinidad y la Encarnación.

Citas de las Sagradas Escrituras:

- «*El que come mi carne y bebe mi sangre vive en mí y yo en él*» (*Jn.* 6, 56).
- «*Si no comiereis la carne del Hijo del hombre y no bebiereis su sangre no tendréis vida en vosotros*» (*Jn.* 6, 54).

EXTREMAUNCIÓN O UNCIÓN DE LOS ENFERMOS

Todo cristiano que se halle gravemente enfermo y en especial próximo a la muerte, puede tener el consuelo de la solidaridad de la Iglesia, transmitiéndole una gracia especial para enfrentar las dificultades. Aunque el estado del enfermo no le permita confesarse, pero su deseo de arrepentimiento sea sincero, el sacerdote encomienda su alma a Dios, le da la absolución y le unge con aceite sagrado. Con ello le da fuerzas para sufrir con paciencia su enfermedad, resistir las tentaciones y morir santamente. Esta práctica, instituida como sacramento, es muy antigua en la Iglesia católica.

Citas de las Sagradas Escrituras:

• «*Ellos se marcharon predicando penitencia; arrojaban a muchos demonios y ungiendo a muchos enfermos con aceite los curaban*» (Mc. 6, 12-13).

• «*¿Enferma alguno de vosotros? Haga llamar a los presbíteros de la Iglesia, y oren por él, ungiéndole con óleo en nombre del Señor. La oración de la fe salvará al enfermo, y el Señor le aliviará, y si se halla con pecados se le perdonarán*» (Sant. 5, 14-15).

ORDEN U ÓRDENES SAGRADAS

Los apóstoles fueron los dirigentes naturales de la primera comunidad cristiana y con la ayuda de la inspiración del Espíritu Santo procedían a la elección de nuevos pastores entre los primeros cristianos. Estos principios entonces establecidos se han venido manteniendo en los mecanismos para designar a los ministros de la comunidad. La persona que acepta esta responsabilidad especial es «llamada» al mismo tiempo por el pueblo de Dios y por Dios mismo. En la práctica, esto significa un proceso de selección y formación que culmina con la ceremonia de la ordenación.

Este sacramento da la potestad de ejercitar los sagrados ministerios e imprime en el alma del que lo recibe el carácter de ministro de Dios. Mediante la imposición de las manos del obispo, y sus palabras, el sacramento hace sacerdotes a hombres bautizados, y les da poder para perdonar los pecados y celebrar la Eucaristía.

La Iglesia católica, a diferencia del cristianismo protestante, quiere que los candidatos al sacerdocio abracen libremente el celibato para que puedan dedicarse completamente al bien de las almas, sin las limitaciones en tiempo y preocupaciones, que supone crear una familia. Pero, sobre todo, el celibato sacerdotal tiene un fundamento teológico: Cristo fue célibe, y el sacerdote ejerce como otro Cristo.

Citas de las Sagradas Escrituras:

• «*Los presentaron a los apóstoles, los cuales, después de orar, les impusieron las manos*» (*He.* 6, 6).
• «*Les consagraron presbíteros en cada Iglesia; y después de haber orado y ayunado, los encomendaron al Señor, en quien habían creído*» (*He.* 14, 23).

MATRIMONIO

La Iglesia considera el matrimonio como una institución fundada por Dios como imagen o reflejo de la unión de Cristo con su pueblo (la Iglesia es la esposa de Cristo). Constituye también el principio de una familia, base fundamental en la que la Iglesia se reproduce.

Cristo restauró el matrimonio haciendo que recobrase su primitivo ideal de unidad e indisolubilidad elevándolo a la dignidad de sacramento.

El matrimonio religioso se establece con el consentimiento libre de cada uno de los contrayentes manifestado ante el representante de la Iglesia. Es deber de los esposos bautizar y educar a los hijos cristianamente.

En casos muy puntuales, la Iglesia, puede declarar nulo un matrimonio considerándolo no celebrado. En mayor medida contempla la separación pero con la prohibición explícita de volver a casarse o mantener relaciones con otra persona ya que sería considerado como adulterio.

Citas de las Sagradas Escrituras:

• «*Dios creó al hombre a su imagen, a imagen de Dios lo creó, macho y hembra los creó. Y Dios los bendijo diciendo: Sed prolíficos, multiplicaos y poblad la tierra*» (*Gén.* 1, 27-28).

• «*El hombre dejará a su padre y a su madre y se juntará a su mujer, y los dos serán una sola carne*» (*Ef.* 5, 31).

• «*...tenga cada uno su mujer, y cada mujer, su marido*» (*I Cor.* 7, 2).

• «*Cualquiera que desechase a su mujer y tomarse otra, comete un adulterio. Y si la mujer se aparta de su marido y se casa con otro, es adúltera*» (*Lc.* 16, 18).

PAPAS, PAPADO Y ANTIPAPAS

Cabeza de la Iglesia, Patriarca Universal, Rector de la Iglesia Universal, Vicario de Cristo, Vicario de Dios, Siervo de los Siervos de Dios, Primado de Italia, Arzobispo y Metropolitano de la Provincia de Roma, Soberano de la Ciudad del Vaticano, Romano Pontífice, Santo Padre, Sumo Pontífice, Obispo de Roma y Sucesor de San Pedro. Estos son algunos de los títulos, la mayoría en desuso, que a lo largo de la historia se han otorgado a la persona que, en el seno de la Iglesia Católica, tiene la plenitud del poder legislativo, judicial y administrativo.

Con toda probabilidad, este personaje que hoy simplemente llamamos «Papa» sea una de las personalidades más conocidas del mundo, pero acaso una gran mayoría de gentes desconozca la agitada historia del papado. Muy ligado al nacimiento de Europa, el papado ha colaborado profundamente en su evolución, e incluso guió su destino durante largos períodos de tiempo hasta que los Estados que había ayudado a nacer, una vez estructurados y politizados, le obligaron a replegarse a sus auténticas funciones. Su historia, con frecuencia zigzagueante entre dos polos contrapuestos, ha significado, a veces, caer desde lo más alto a simas de decadencia para volver a alcanzar nuevas cumbres. Pero a pesar de su tortuoso camino, su historia ofrece una trayectoria perfectamente continua que le ha permitido ser el único régimen de Occidente que se ha perpetuado sin interrupción desde hace veinte siglos. Los 265 personajes que se han sucedido desde San Pedro hasta Benedicto XVI forman una cadena que, ni invasiones, ni gobiernos contrarios y ni siquiera los 36 antipapas que se enfrentaron a ella, jamás lograron romper a lo largo de los siglos.

Es bien sabido y demostrado que la función otorga poderes, pero no garantiza la debida aptitud para ejercitarlos y que todos los papas han sido hombres y nada humano les ha sido ajeno. En dos mil años de papado ha acontecido de todo: lo mejor y lo peor. Si muchos, casi un centenar, han merecido ser canonizados, otros han mostrado lamentables defectos. Seguramente todos los papas, desde el primero al último, han tenido una conciencia muy clara de la relevancia de su cargo, pero cada cual lo ha asumido con distinta fortuna. Algunos de ellos, llamados a ser roca sobre la que construir la Iglesia, a veces han sido piedras quebradizas; depositarios de las llaves del reino de los cielos, alguna vez las han usado para forzar cerraduras terrenas; encargados de confirmar a sus hermanos en la fe con el testimonio de su ejemplo, en ocasiones les han desorientado y hasta indignado con sus escándalos.

LOS ORÍGENES

Jesús dijo al apóstol Pedro:

> *«Yo te digo que tú eres Pedro y sobre esta piedra edificaré mi Iglesia y las puertas del infierno no prevalecerán contra ella. Te doy las llaves del reino de los cielos y lo que atares en la tierra será atado en los cielos y*

los que desatares en la tierra será desatado en los cielos» (*Mt.* 16,18).

Según este pasaje del evangelio de Mateo, Jesucristo no sólo instituyó la Iglesia, sino que al poner a Pedro al frente de ella, también la jerarquizó. Los apóstoles, siguiendo las instrucciones de Jesucristo, fueron creando congregaciones en su labor de expansión de la nueva doctrina y al frente de ellas nombraban maestros llamados episcopales (del latín *episcopus* y éste del griego *episkopos;* guardián, protector, vigilante). En su mayoría se trataba de ancianos cuya capacidad y espiritualidad les daba acceso a impartir las enseñanzas a otros cristianos. Años más tarde, estos hombres pasaron a llamarse obispos, sinónimo de episcopal, y poseían jurisdicción sobre otros miembros de sus congregaciones. Nos hallamos, pues, ante los inicios de la jerarquía de la Iglesia.

La tradición católica nos dice que Pedro fue el primer obispo que tuvo la capital del imperio romano. Por esta razón, y también por haberse convertido la ciudad en el centro de la comunidad cristiana, Roma quedó establecida como la sede de la Iglesia Universal y su obispado siempre ha ocupado una posición especial.

En un principio, a los sucesores de Pedro se les llamaba simplemente obispos y el título de «Papa» no se utilizó hasta el siglo XI, cuando Gregorio VII (Papa 1073-1085), ordenó que su uso se aplicara exclusivamente a los sucesores de Pedro.

Esta denominación, carente de contenido bíblico y teológico, parece ser de origen griego (*pappas;* padre) y que todavía hoy se aplica como «pope» a obispos y presbíteros en algunas partes de Oriente. Otras versiones, menos convincentes, defienden su procedencia de un acróstico derivado del latín: (*«Pa*-ter *Pa*-trum») cuya duplicación de la sílaba «pa» da al nombre de «padre» un mayor relieve, puesto que «pater» se convirtió con el tiempo en tratamiento de respeto para todos los ministros de la religión y era necesario destacar a uno por encima de los demás. Otra versión nos dice que el significado de la palabra «papa» corresponde a las iniciales de cuatro palabras latinas: («Petri Apostoli Potestatem Accipiens»: el que recibe la potestad del apóstol Pedro). Una tercera versión es la que corresponde a la unión de las dos primeras sílabas de estas palabras latinas: («Pater Pastor»; padre y pastor), por cuidar y velar de su rebaño (forma tradicional de llamar a los fieles católicos).

SIMÓN – PEDRO

El llamado Príncipe de los Apóstoles, que según la Iglesia católica fue el primer papa de la historia, nació en Betsaida (Galilea) y su verdadero nombre era Simón. Establecido en Cafarnaúm con su familia, se dedicó, junto con su hermano Andrés, al oficio de pescador en el lago Genesaret.

Como muchos de sus contemporáneos judíos, ambos hermanos eran seguidores de las prédicas de Juan *el Bautista* y éste les llevó ante Jesús quien le otorgó a Simón el sobrenombre de Pedro (del latín *Petrus* y del griego *Pétros*, forma masculina de la versión griega del vocablo arameo *Cefas*, roca o piedra). Después de este encuentro inicial, Pedro y otros discípulos permanecieron con Jesús por algún tiempo, acompañándolo a Galilea, Judea y Jerusalén para regresar a Galilea donde retomó su oficio de pescador, pero pronto fue llamado por Jesús, junto a su hermano Andrés, para ser uno de sus discípulos permanentes: «Venid conmigo y os haré pescadores de hombres» (*Mt.* 4, 19).

A diferencia de otras culturas, los templos del cristianismo, especialmente los de construcción gótica, pretenden crear un microcosmos integrador con la divinidad. Al penetrar en su interior el feligrés se encuentra en un universo de sensaciones que le ayudan a conectar con Dios.

De carácter indeciso pero impetuosos y temerario, pronto sobresalió de entre los doce apóstoles que Jesús había elegido como compañeros permanentes para predicar su doctrina y acentuó su liderazgo cuando le prometió que encabezaría su rebaño. A pesar de su fidelidad y firmeza de fe, a Pedro, desde su visión mundana, le resultaban inconcebibles los padecimientos de Cristo y si bien fue el único que intentó defender con su espada al Maestro al ser prendido en el huerto de los Olivos, pocas horas después lo negó hasta tres veces y lo abandonó durante su pasión y muerte.

A pesar de su debilidad, su lugar como cabeza de los apóstoles fue confirmada por Jesucristo cuando después de la Resurrección se le apareció junto al lago Genesaret y renovó la misión especial a Pedro de alimentar y defender su rebaño. La actividad apostólica de Pedro en Jerusalén, Judea y otros distritos está contemplada en la primera parte de los *Hechos de los Apóstoles*, y confirmada en las Epístolas de San Pablo. De entre todos los apóstoles y discípulos que, tras la Ascensión de Cristo a los cielos, retornan a Jerusalén para aguardar el cumplimiento de su promesa de enviar el Espíritu Santo el día de Pentecostés, Pedro se destaca como líder de todos, y es reconocido como cabeza de la comunidad cristiana, paladín del colegio apostólico y el primero en defender públicamente a su Maestro. Su labor apostólica le llevó a predicar el Evangelio en Galacia, Bitinia y Capadocia y fue el primer obispo de Antioquía.

A pesar de que algunos historiadores no lo dan por seguro, la Iglesia católica defiende como hecho histórico indiscutible que Pedro estuvo en Roma durante la última etapa de su vida. En cuanto a la duración de su actividad apostólica en la capital romana, la continuidad o no de su residencia allí, los detalles y éxito de su labor y la cronología de su llegada y de su muerte, son cuestiones inciertas que se basan en hipótesis más o menos bien fundadas. Según la tradición recogida por Eusebio de Cesárea (267-340), obispo de Cesárea llamado «Padre de la historia eclesiástica», Pedro era obispo de Roma durante la persecución de Nerón y padeció martirio siendo crucificado en el año 64 o 67 con la cabeza hacia abajo, a petición propia, por no considerarse digno de morir como Jesucristo. La tradición de que la tumba de Pedro está situada bajo la actual basílica de San Pedro, fue corroborada en las excavaciones iniciadas en el año 1939, durante el papado de Pío XII, y se dieron por concluidas al descubrir un sepulcro situado justamente debajo de la nave central de la basílica. Posteriormente el Papa Pablo VI el 26 de junio de 1968 anunció oficialmente que, dicho sepulcro, había contenido los restos mortales del apóstol.

Los teólogos afines a la oficialidad católica sostienen que la guía espiritual de todos los fieles fue puesta por Cristo en manos de Pedro para convertirse en su representante legal cuando él faltase, y este nombramiento no podía desaparecer con la persona de Pedro, sino que su intención era que continuase y se perpetuara a lo largo de la historia.

PRIMEROS SUCESORES DE PEDRO

La lista y el orden de los diez primeros sucesores de Pedro al frente de la sede de Roma es más que histórica y científicamente probada. Los historiadores, sin embargo, otorgan escasa probabilidad a la atribución de las fechas de comienzo y terminación del mandato de cada uno de ellos y prefieren acompañarlas con una interrogación.

La Iglesia basa en las Escrituras y la Tradición su creencia en torno al primado de Pedro y sus primeros sucesores.

Un testimonio de la continuidad ininterrumpida de los doce primeros sucesores de Pedro lo hallamos en el siguiente texto de Ireneo (130-208), obispo de Lyon:

> «*Los bienaventurados apóstoles, una vez fundada y establecida la Iglesia, transmitieron a Lino (67-76) el ministerio episcopal. Le siguió Anacleto (76-88). Tras éste, en tercer lugar después de los apóstoles, recibió el ministerio episcopal Clemente (88-97), que también vio personalmente a los apóstoles y frecuentó su trato. A Clemente le sucedió Evaristo (97-105). A Evaristo, Alejandro (105-115). A éste le sucedió, en sexto lugar después de los apóstoles, Sixto (115-125), a quien sucedió Telesforo (125-136). Después vino Higinio (136-140). Luego, Pío (140-155). Tras éste, Aniceto (155-166). Después de Aniceto vino Sotero (166-175). En la actualidad ocupando el duodécimo lugar a partir de Pedro, ejerce el ministerio Eleuterio*».

Este texto fue revisado en el siglo III por Eusebio de Cesárea, dándole total autenticidad y aprobación para ser aceptado y transmitido por posteriores historiadores.

BREVE CRONOLOGÍA DE LOS PAPAS

Intentar una cronología completa del papado, la biografía y vicisitudes de cada uno de los 265 papas de la historia, daría para varios y densos volúmenes.

Por ello, presentamos un breve resumen histórico por épocas:

DESDE LOS ORÍGENES A SAN GREGORIO MAGNO

De San Pedro (33-64 o 67) a San Gregorio Magno (590-604).

Esta primera etapa de la historia de la Iglesia se caracteriza por una aureola de romanticismo que a través de los años ha enriquecido a la Iglesia apostólica y post-apostólica. Es la era de los Grandes Padres de la Iglesia, de las definiciones de los dogmas más fundamentales de la fe. Es la época de las persecuciones y también los años constitutivos de la liturgia y el paso de las celebraciones de las casas a las basílicas.

LA IGLESIA EN LA EDAD MEDIA

Desde Sabiniano (604-606) a Bonifacio VIII (1294-1303).

Abarca este período siete siglos de un largo proceso medieval donde surge el Islam y se produce la ruptura entre las Iglesias de Oriente y Occidente. Fueron siglos de esplendor y también de ruina y llanto.

LAS GRANDES CRISIS DEL PAPADO

Desde Benedicto XI (1302-1304) a Inocencio VIII (1482-1492).

Considerados los años negros de la Iglesia de Jesucristo, el cautiverio de Aviñón y el Cisma de Occidente son ejemplos de triste recuerdo. La conducta privada de los papas y clérigos de estos años hace que muchos fieles alimenten anhelos de cambio y reforma. Estas ansias se plasmarán en realidades durante el siguiente período.

Reforma y Contrarreforma

Desde Alejandro VII (1492-1503) a Inocencio XII (1691-1700).

La época más mundana de la historia de la Iglesia, en la que se convierte en una mera administradora de lo divino y lo humano, de gracias, tributos y prebendas e interventora de los asuntos del gobierno y la política de los pueblos y sus culturas. Hace su aparición Lutero y con él una Reforma que abre un abanico de nuevas manifestaciones del cristianismo. La Contrarreforma o Reforma Católica no difería en forma sustancial de aquello que buscaba la Reforma protestante, era más bien una diferencia de lenguaje lo que impidió una clara comunicación entre ambas partes. Por otra parte vemos a la Iglesia como el nuevo mecenas de las artes y las letras donde brillan las grandes figuras del Renacimiento. El pensamiento, costumbres, liturgia y doctrina se centralizan y estructuran a partir del Concilio de Trento (1545-1563).

De la Ilustración a la Restauración

Desde Clemente XI (1700-1721) a Gregorio XVI (1831-1846).

Tiempo de ruptura con todo un sistema de valores y creencias que caracterizaba al mundo occidental. Surge una nueva postura de la sociedad frente al pensamiento, al arte y la religión. Esta época está marcada muy significativamente por la Revolución Francesa.

LA IGLESIA EN EL MUNDO MODERNO

Desde Pío IX (1846-1878) a Pío XII (1939-1958).

Con las ideas de la Revolución Francesa nace el mundo liberal, el olvido de las verdades supremas, el alejamiento de Dios. Se acomoda en el mundo el pragmatismo, el ateísmo, la lucha de clases. En este período de poco más de un siglo, surgen cambios que parecen ser desarrollados más bien en un milenio. Encontramos a una Iglesia que lucha contra el avance de la modernidad, pero al mismo tiempo introduce cambios en su liturgia y en los estudios bíblicos, nace la Acción Católica y se presentan las grandes enseñanzas sociales. Con la pérdida de los Estados Pontificios la Iglesia se libera finalmente de sus ataduras políticas y territoriales.

LA IGLESIA DEL CONCILIO VATICANO II

Desde Juan XXIII (1958-1963) a Benedicto XVI (2005).

Juan XXIII y su Concilio Vaticano II (1962-1965) ha sido quizás el acontecimiento más extraordinario que ha experimentado la Iglesia en sus veinte siglos de historia. Es la apertura al mundo moderno, el ponerse al día. Los papas salen de su encierro en el Vaticano y viajan fuera de sus murallas. Años de adaptación y descubrimiento en un proceso que aún no ha terminado.

TEOLOGÍA DE LA LIBERACIÓN

El centro teórico y práctico de esta gran corriente teológica nacida en América Latina, se halla en la defensa de los derechos humanos de los más desfavorecidos, que son la mayoría de la población, abarcando todas sus dimensiones: sociales, económicas, políticas, ecológicas y culturales.

Pasados más de cinco siglos de la filosofía moral y política desarrollada por Bartolomé de Las Casas en defensa de los derechos de los indígenas y la denuncia constante de sus violaciones, la Teología de la Liberación, retoma y continúa su lucha pacífica por la defensa de los derechos, todavía hoy violados, de los llamados sin tierra.

En la década de 1960 América Latina vivía un resurgir económico potenciado por EEUU mediante la implantación de multinacionales que no tardaron en provocar un efecto *boomerang:* concentración de capital en manos de unos pocos, incremento de población que jamás se beneficiaría del bienestar, aumento del desempleo, analfabetismo, emigración masiva, etc. Este nuevo modelo económico fue apoyado con la implantación de regímenes dictatoriales con una fuerte militarización, y sustentados en doctrinas de seguridad nacional que alentaban el miedo a la amenaza comunista. Este irregular y ficticio desarrollo, tuvo la aprobación de la Iglesia católica y la democracia cristiana.

Por otra parte, los nuevos aires de renovación que parecieron emanar del Concilio Vaticano II, alentaron a un grupo de jóvenes teólogos y religiosos, que trabajaban por aquellas tierras, a teorizar y poner en marcha otra forma de vivir el mensaje de Cristo. Toman contacto con las raíces indígenas de los pueblos, se hacen solidarios con ellos, comparten su pobreza, sus necesidades, sus luchas y empiezan a hablar de liberación, creando un nuevo concepto de iglesia y mensaje que consigue levantar un auténtico movimiento respaldado por miles de seguidores.

Fue la del Vaticano la oposición más fuerte y más dolorosa para estos teólogos. El español Juan José Tamayo, teólogo y especialista en Teología de la Liberación argumenta: «Lo que más daño nos ha hecho ha sido la deformación que ha hecho el Vaticano. Ellos no condenaron a la Teología de la Liberación sino a la deformación que hicieron de ella, se precipitaron en sus declaraciones. Les ha podido su ideología conservadora y de clara alianza con los poderes». También está de acuerdo el periodista y escritor Pedro Miguel Lamet cuando declara: «Después del Concilio Vaticano II, la Iglesia ha retrocedido en su aportar al mundo. Hoy se encuentra a la defensiva y tiene miedo al pluralismo dentro de la Institución». Prueba de ello son las medidas «disuasorias» que emplearon con muchos de los integrantes del movimiento.

Quizás Helder Cámara, prelado brasileño, defensor de los pobres y oprimidos, haya sido quien mejor ha definido la situación con una simple frase: «Si doy comida a los pobres, ellos me llaman santo. Si pregunto por qué los pobres no tienen comida, me llaman comunista».

Pan, Tierra y Libertad fue y sigue siendo el grito de los oprimidos, y fue y sigue siendo desoído por toda clase de poder.

LOS DIEZ PONTIFICADOS MÁS LARGOS

Papa	Duración
San Pedro (33-67)	34 años
Pío IX (1846-1878)	31 años y 7 meses
Juan Pablo II (1978-2005)	Superó a León XIII el 15 de marzo de 2004
León XIII (1878-1903)	25 años y 5 meses
Pío VI (1775-1799)	24 años y 6 meses
Adriano I (772-795)	23 años y 10 meses
Pío VII (1800-1823)	23 años y 5 meses
Alejandro III (1159-1181)	21 años, 11 meses y 23 días
San Silvestre I (314-335)	21 años y 11 meses
San León I (440-461)	21 años y 1 mes

LOS DIEZ PONTIFICADOS MÁS CORTOS

Papa	Días
Urbano VII (del 15 al 27 de septiembre de 1590)	12
Bonifacio VI (abril de 896)	15
Celestino IV (del 25 de octubre al 10 de noviembre de 1241)	16
Sisinio (del 15 de enero al 4 de febrero de 708)	20
Teodoro (diciembre de 897)	20
Marcelo II (del 10 de abril al 1 de mayo de 1555)	21
Dámaso II (del 17 de julio al 9 de agosto de 1048)	23
Pío III (del 22 de septiembre al 18 de octubre de 1503)	26
León XI (del 1 al 27 de abril de 1605)	26
Juan Pablo I (del 26 de agosto al 28 de septiembre de 1978)	33

JUAN PABLO I Y LAS EXTRAÑAS CIRCUNSTANCIAS QUE RODEARON SU MUERTE

Tres largas e injustificadas horas transcurrieron entre el hallazgo del cadáver del Papa Juan Pablo I y la difusión del siguiente comunicado oficial del Vaticano:

«*Esta mañana, 29 de septiembre de 1978, hacia las cinco y media, el secretario particular del Papa, no habiendo encontrado al Santo Padre en la capilla, como de costumbre, le ha buscado en su habitación y le ha encontrado muerto en la cama, con la luz encendida, como si aún leyera. El médico, Dr. Renato Buzzonetti, que acudió inmediatamente, ha constatado su muerte, acaecida probablemente hacia las 23 horas del día anterior a causa de un infarto agudo de mio-cardio».*

La repentina muerte del Papa Juan Pablo I, cuyo pontificado duró sólo 33 días, sorprendió a todo el mundo.

Albino Luciani (1912-1978), Juan Pablo I, sucesor número 263 de San Pedro, fue elegido Papa el 28 de agosto de 1978 tras la muerte de su antecesor Pablo VI (1897-1978), en el curso de un cónclave de una duración sorprendentemente breve.

Nació Luciani, en Forno di Canale, en el noroeste de Italia. Hijo de un obrero socialista de la industria del vidrio, estudió en el seminario de Feltre y en el de Belluno y se doctoró en teología por la Universidad Gregoriana de Roma. En 1959 fue nombrado obispo de Vittorio Veneto y en 1969 arzobispo de la sede patriarcal de Venecia. Obtuvo el cardenalato en 1973 y participó activamente en el Concilio Vaticano II, destacando más como figura pastoral que como burócrata de la Curia. Al ser elegido supremo pontífice, adoptó el nombre de Juan Pablo en homenaje a sus dos inmediatos predecesores, Juan XXIII y Pablo VI, convirtiéndose en el primer papa en adoptar un nombre doble. Murió el 29 de septiembre tras un mandato que sólo duró 33 días.

Más o menos, este es el resumen de la biografía oficial que el Vaticano nos ha legado de un personaje que popularmente es recordado por su gran personalidad y su excelente perfil humano.

Varias son las circunstancias que han llevado a gran número de estudiosos e historiadores a recelar de la veracidad del comunicado oficial. En principio, según este comunicado, el Papa murió de un infarto agudo de miocardio, sin embargo, la forma en que se encontró el cadáver no responde al cuadro típico del infarto, la plácida postura en la cama con unas hojas de papel en las manos, como si aún leyera, no denotan la lucha con la muerte que un infarto agudo produce.

Jesús López Saez, escritor e investigador del asunto, nos dice en uno de sus libros: «Aunque oficialmente se negó, un benedictino que trabajaba en la Secretaría de Estado dio a conocer a un amigo, el mismo día de la muerte, que hubo autopsia. Por ella se supo que murió por la ingestión de una dosis excesiva de un medicamento vasodilatador, que en la tarde anterior habría recetado por teléfono su médico personal en Venecia. Tras quince años de silencio, el Dr. Da Ros declaró que aquella tarde no le había recetado nada». Continua Jesús López... «El 14 de mayo de 1989 la llamada *persona de Roma* (para nosotros el cardenal Pironio) envía un informe a Camilo Bassotto, amigo personal del papa Luciani y testigo presencial de la fuente veneciana. El informe va firmado, pero debe publicarse sin firma: el puesto que ocupa el misterioso comunicante no le permite otra cosa. Según dicho informe, Juan Pablo I tenía un programa de cambios y había tomado decisiones importantes, incluso arriesgadas: terminar con los negocios vaticanos, cortar la relación del Banco Vaticano con el Banco Ambrosiano, destituir al presidente del Banco Vaticano y hacer frente a la masonería y a la mafia».

Muchas contradicciones existen entre el comunicado oficial y otras versiones, «no oficiales», difundidas por distinto personal del propio Vaticano. Según estas fuentes, no fue el secretario sino una religiosa llamada sor Vicenza quien encontró muerto a Juan Pablo I. Según sor Vicenza, el Papa estaba sentado en la cama, con las gafas puestas y unas hojas de papel en las manos. Tenía la cabeza ladeada hacia la derecha y una pierna estirada sobre la cama. Iniciaba una leve sonrisa.

La frente estaba tibia, cuando fueron a lavar el cadáver, la espalda también estaba tibia. El Papa pudo morir entre la una y las dos de la mañana, no hacia las 23 horas del día anterior como aseguró el médico.

Para el Vaticano la muerte de Juan Pablo I es un caso cerrado desde el 29 de septiembre de 1978. Para otros muchos es un caso que continua abierto.

EL PODER PAPAL

Jesucristo no solamente constituyó a Pedro cabeza de la Iglesia, sino que con las palabras «lo que atares y desatares en la tierra, será atado y desatado en el reino de los cielos» también indicó el ámbito de sus funciones. Las expresiones «atar» y «desatar» no son metafóricas, sino términos jurídicos judíos que están sacadas de la terminología de las escuelas rabínicas de entonces. Cuando un doctor de la Iglesia judía declaraba que algo estaba prohibido por la ley estaba «atando» y cuando declaraba que algo no estaba prohibido, se decía que «desataba». Las palabras de Jesucristo, por tanto, otorgaban a Pedro, dentro de la institución, la autoridad legislativa y esta lleva consigo, a su vez, la autoridad judicial. Así lo ha entendido la Iglesia desde un principio y así lo ha aplicado hasta hoy.

En el capítulo 3 de la constitución *Pastor Aeternus* se declara que el papa posee jurisdicción ordinaria, inmediata y episcopal sobre todos los fieles.

> «*Enseñamos, además, y declaramos que, por disposición de Dios, la iglesia de Roma tiene autoridad ordinaria suprema sobre todas las demás iglesias, y que la jurisdicción del Romano Pontífice, que es verdadera*

jurisdicción episcopal, es inmediata en su carácter»
(*Enchiridion*, n. 1827).

A eso se añade que esa autoridad se extiende a todos
por igual, a la jerarquía eclesiástica y a los fieles, tanto
individual como colectivamente.

En virtud de su oficio como supremo maestro de la
Iglesia y guía de los fieles, al Papa le corresponde el control último de todos los departamentos de la Iglesia, determinar lo que debe ser creído por los fieles y adoptar las
medidas necesarias para la preservación y propagación de
la fe. Veamos algunos de sus derechos y obligaciones:

Enseñanza
• Establecer credos y determinar cuándo y quién
debe hacer profesión explícita de fe.
• Determinar los libros para las instrucciones religiosas de los fieles.
• Establecer universidades que posean el carácter y
los privilegios de una universidad católica erigida canónicamente.
• Dirigir las misiones católicas en todo el mundo.
• Prohibir la lectura de libros que afecten negativa-
mente la fe o las costumbres, y determinar las condiciones
en que algunos libros pueden ser publicados por católicos.
• Condenar teorías que sean consideradas heréticas
o merecedoras de algún grado de censura.
• Interpretar válidamente la ley natural. El Papa
puede manifestar qué es correcto o incorrecto en el aspecto social.

Autoridad legislativa
• Puede legislar para toda la Iglesia, con o sin la asistencia de un Concilio general.

• Si legisla con el apoyo de un Concilio, él es quien debe convocarlo, presidirlo, dirigir sus deliberaciones y confirmar sus acuerdos.

• Tiene total autoridad para interpretar, alterar y abolir sus propias leyes y las que hayan sido establecidas por sus predecesores.

• Puede conceder dispensa a las personas individuales en referencia a toda las leyes puramente eclesiásticas y conceder privilegios y exenciones en ese aspecto.

Autoridad judicial
• El Papa se reserva las *causae maiores*. Bajo este concepto se entienden los casos que versan sobre asuntos de gran importancia o aquellos en los que están involucrados personajes de eminente dignidad.

• El Papa tiene completo derecho, si así lo juzga pertinente, a atender las *causae minores*.

• En cuanto a penalizaciones, él puede censurar, ya por medio de sentencia judicial, ya por medio de leyes generales.

Derechos como gobernante supremo
• Es derecho suyo nombrar obispos o, cuando ese derecho se ha delegado en otros, confirmar tales nombramientos. Exclusivamente él puede decidir el traslado de un obispo de una sede a otra, aceptar su renuncia y, habiendo causa justificante, emitir sentencia de expulsión.

• Puede establecer diócesis nuevas, modificando, si fuere necesario, las condiciones de algunas ya existentes.

• Puede aprobar nuevas órdenes religiosas y, si lo juzga conveniente, eximirlas de la autoridad de los ordinarios locales.

• Su oficio de gobernante supremo le impone la obligación de hacer cumplir los cánones (decisiones o reglas establecidas en un Concilio sobre el dogma o la disciplina), por lo que es necesario que esté al día de las condiciones de las distintas diócesis. Obtiene esta información a través de enviados o convocando a Roma los obispos.

• Al Papa también le corresponde la administración de los bienes de la Iglesia. Únicamente él puede enajenar, justificadamente, cualquiera de sus propiedades.

• Puede decretar el pago de impuestos por parte del clero o de los fieles para el logro de finalidades eclesiales.

La Iglesia nos dice que el Papa, en cuanto a representante de Cristo y vicario de Dios y con el magisterio del Espíritu Santo que le transmite la infabilidad, gobierna siempre según la razón, nunca arbitraria ni caprichosamente. No obstante, vemos que el poder papal, según lo descrito, es muy amplio. Para llevar a cabo tal función, existe la Santa Sede, una compleja trama administrativa que, siempre bajo la supervisión del Papa, se ocupa de las distintas tareas que incumben al gobierno de la Iglesia.

SANTA SEDE

(Del latín *santae sedes*; santa silla). Término derivado de la entronización desde Pedro a todos los obispos de Roma. En sentido general se refiere al verdadero asiento del pastor supremo de la Iglesia, junto a las diferentes autoridades eclesiásticas que constituyen la administración central. En sentido canónico y diplomático, el término es sinónimo a «Sede Apostólica» o «Iglesia Romana». La Santa Sede, órgano de gobierno de la Iglesia católica, ubicada actualmente en el Vaticano, está sujeta al Derecho Internacional y posee embajadores oficiales (nuncios) en la mayor parte de las naciones del mundo y correspondientemente éstas tienen embajadores en la Santa Sede.

La Curia Romana, (del latín *curia*; local del senado y de otras asambleas), es el brazo ejecutivo del gobierno oficial de la Santa Sede. Veamos su organigrama:

Secretaría de Estado
- Secretario de Estado.
- Secretario para las relaciones con los Estados.
- Sustituto de la Secretaría de Estado.
- Asesor para asuntos generales.
- Subsecretario para relaciones con los Estados.

Congregaciones vaticanas
- Doctrina de la Fe.
- Iglesias orientales.
- Culto divino y disciplina de los Sacramentos.
- Causas de los santos.
- Obispos.
- Evangelización de los pueblos.
- Clero.
- Institutos de vida consagrada y sociedades de vida apostólica.
- Educación católica.

Consejos pontificios
- Laicos.
- Unidad de los cristianos.
- Familia.
- Justicia y paz.
- *Cor unum.*
- Pastoral de migraciones.
- Pastoral sanitaria.
- Interpretación de textos legislativos.

- Diálogo interreligioso.
- Cultura.
- Comunicaciones sociales.

Tribunales vaticanos
- Penitenciaría apostólica.
- Tribunal supremo de la signatura apostólica.
- Tribunal de la Rota romana.

Otros organismos
- Cámara apostólica.
- Administración del patrimonio de la Santa Sede.
- Prefectura de asuntos económicos.
- Archivo y biblioteca.
- Comisión Teológica y Bíblica.
- Comisión «Ecclesia Dei».
- Comité para congresos eucarísticos internacionales.
- Bienes culturales y arqueología sacra.
- Gobernatorado de la Ciudad del Vaticano.
- Oficina de trabajo de la Santa Sede.
- Comisión disciplinar de la Curia Romana.

Al frente de cada organismo está un cardenal, llamado prefecto, con su correspondiente personal subordinado eclesiástico y administrativo.

EL VATICANO

Oficial y jurídicamente llamado «Estado de la Ciudad del Vaticano», es el territorio físico sobre el que la Santa Sede ejerce su gobierno. Se constituyó en 1929 mediante el Tratado de Letrán suscrito entre el Papa Pío XI y Mussolini. Situado en una de las siete colinas de Roma, llamada Vaticana, es el Estado independiente más pequeño del mundo, pues sólo abarca un recinto amurallado de 0,44 Km². Su población, funcionarios eclesiásticos y civiles, no supera los mil habitantes (de los que quinientos ni siquiera son residentes).

Como órgano oficial publica diariamente en italiano el periódico «L'Osservatore romano» fundado en 1861, con una edición dominical también en italiano y ediciones semanales del mismo en varios idiomas.

Sus recursos, en origen, provienen de la inversión financiera de los 1.750 millones de liras que el Tratado de Letrán estableció como indemnización por los territorios perdidos en 1870. Su economía se mantiene a través de las contribuciones, llamadas el *Penique de San Pedro,* de los católicos romanos de todo el mundo, la venta de recuerdos, entradas a museos y las divisas que deja el turismo (más de diez millones de visitantes al año). Hoy en día esos recursos son administrados por el Instituto de Obras Religiosas (popularmente Banco del Vaticano), reestructurado a raíz de los escándalos financieros originados por la quiebra del Banco Ambrosiano en el año 1982. Se le atribuyen reservas de más de 11.000 millones de dólares, participación en muchos otros bancos y empresas, e innumerables propiedades inmuebles en todo el mundo.

La Guardia Suiza, cuya misión es la de cuidar al Papa y guardar el honor y el orden en el Vaticano, está constituida por 5 oficiales, 1 capellán y 105 guardias, la mayor parte de ellos provenientes de Lucerna y de cantones suizos de lengua alemana. Para enrolarse en este «ejército del Papa» es necesario tener menos de treinta años y una altura mínima de 1,74 m, pertenecer a honorables familias católicas y haber hecho el servicio militar. Sus típicos trajes a franjas amarillas, azules y rojas fueron diseñados por Miguel Ángel y usan como arma tradicional la alabarda.

Actualmente cada guardia lleva oculto en su uniforme un pulverizador de gas lacrimógeno y a partir del grado de sargento una pistola y dos granadas. Cuando el Papa pasa frente a ellos, le saludan de rodillas, en señal de respeto y máximo honor.

El mecenazgo papal a lo largo de los siglos, sobre todo durante el Renacimiento, convirtió al Vaticano en uno de los más importantes centros culturales del mundo. La cantidad de tesoros artísticos que alberga en sus palacios e iglesias es incalculable. En arquitectura destaca la colosal Basílica de San Pedro. A su lado se hallan los Palacios Vaticanos, también conocidos como Palacio Papal, en los que se encuentra la célebre Capilla Sixtina, decorada con frescos de Miguel Ángel, Boticelli, Perugino y otros artistas del Renacimiento. Las estancias de Rafael, llamadas así por las pinturas murales del artista. Otras pinturas y esculturas universalmente conocidas se conservan en las galerías de arte y museos vaticanos. Merece también mención especial la Biblioteca Vaticana, en la que se conserva una colección de antiguos manuscritos y más de un millón de volúmenes. Con todo esto, no es de extrañar que en 1984 la Unesco declarase al conjunto del Estado Vaticano como Patrimonio Artístico Mundial.

A pesar de que el Estado del Vaticano carezca de recursos naturales, no posea ejército, ni industria, ni agricultura, su poder y su presencia se extienden por todo el planeta ejerciendo su autoridad sobre más de mil millones de personas.

HISTORIA

Este territorio al oeste del río Tíber, era conocido en la antigüedad como el *Ager Vaticanus* (campos del vaticano).

Su origen no está claro, aunque algunos historiadores afirman que viene de un antiguo pueblo etrusco llamado Vaticum. Otros aseguran que la palabra Vaticano proviene del latín *vates* (poeta), y que antiguamente existía una colina denominada Vaticano en la que pululaban una serie de poetas, adivinadores y magos que predecían el destino de quienes pasaban por allí. Fuere como fuere, ésta zona constituida por tierras pantanosas e inhóspitas, no formaba parte de la antigua Roma. Fue a principios del siglo I cuando, el *Ager Vaticanus,* fue incluido por el emperador Augusto en la reorganización de la ciudad.

Los papas pasaron a ser los gobernantes de la ciudad de Roma y de las zonas circundantes en el siglo VI y este dominio fue oficialmente concedido en el año 756 al Papa Esteban II por Pipino *el Breve,* rey de los francos. A través de diversas donaciones, adquisiciones y conquistas, sus posesiones se fueron ampliando, recibiendo en conjunto la denominación de Patrimonio de San Pedro. De esta forma, los Estados Pontificios llegaron a abarcar prácticamente toda la zona central de Italia, alcanzando su mayor extensión en el siglo XVI. La mayor parte de las anexiones se mantuvieron bajo el poder del papado hasta el año 1797, año en que las tropas francesas de Napoleón Bonaparte se apoderaron de este territorio, creando la República Romana. En 1801, el Papa Pío VII recuperó parte de su poder y, en 1815, el Congreso de Viena restituyó casi todas sus antiguas posesiones al papado. En 1870, cuando Víctor Manuel II los anexionó al reino unificado de Italia, la jurisdicción del papado quedó reducida al Vaticano, en el que cada uno de los sucesivos papas permaneció como prisionero voluntario en protesta por la ocupación italiana hasta 1929 cuando, en virtud del Tratado de Letrán entre la Santa Sede y el reino de Italia, se reconoció la soberanía y personalidad jurídico-internacional del Estado de la Ciudad del Vaticano.

ELECCIÓN DE LOS PAPAS

A lo largo de los veinte siglos de papado, las formas de elección del sucesor de Pedro han sido variadas. En los primeros siglos, unas veces mediante nombramiento directo y otras mediante elección por la comunidad cristiana. Posteriormente, y durante algunas épocas, el cargo se otorgaba por intereses de poder, político o económico e incluso por *simonía* (compra de cargos eclesiásticos, en referencia a Simón *el Mago* que ofreció dinero a los apóstoles para que le dieran el don de conferir el Espíritu Santo). Actualmente, la elección de un Papa se hace a través de un Cónclave (del latín *con clave*; lo que se abre con llave, habitación pequeña).

En un documento emitido por el Papa Pablo VI fechado el 1 de octubre de 1975 con título «la elección del romano pontífice», leemos, entre otras cosas, lo siguiente: «El derecho de elegir al romano pontífice corresponde exclusivamente a los cardenales de la Iglesia romana, excluidos aquellos que, en el momento de entrar en el cónclave, hubiesen cumplido ya los ochenta años. El número máximo de cardenales electores no debe superar los 120. Queda absolutamente excluida la intervención de cualquier otra dignidad eclesiástica o potestad laica de cualquier grado u orden».

(...)

«Tras la muerte del pontífice, los cardenales electores ya presentes deben aguardar durante quince días a los ausentes, y se autoriza al colegio de cardenales a prolongar unos pocos días más la entrada en Cónclave, hasta un máximo de veinte días, tras los cuales, los cardenales deben entrar en Cónclave y proceder a la elección».

(...)

«Todos los cardenales están obligados, por virtud de obediencia, a corresponder a la convocatoria y a

La Santa Sede es el máximo exponente de la Iglesia en el mundo. Desde dicho lugar el Papa gobierna, hasta el día de su muerte, los destinos de la religión. No cabe el error, su infalibilidad es absoluta.

desplazarse al lugar fijado para la elección, salvo que estén impedidos por enfermedad u otro grave impedimento que deberá ser reconocido por el sagrado colegio de los cardenales».

(...)

«Aparte de los cardenales electores, están autorizados a entrar en el Cónclave, algunos religiosos sacerdotes para garantizar la posibilidad de confesión en distintas lenguas y dos médicos, uno de ellos cirujano y otro de medicina general, además de uno o dos practicantes. La fórmula de juramento que, en latín o en otro idioma, deben prestar los electores es la siguiente:

«*Prometo y juro mantener secreto inviolable de todas y cada una de las cosas que, con respecto a la elección del nuevo pontífice, se aborden y definan en las reuniones de los cardenales, así como de todo cuanto ocurra en el Cónclave o en el lugar de la elección directa o indirectamente relacionado con las votaciones, y de cualquier otro asunto que de cualquier suerte llegase a conocer. En manera alguna violaré tal secreto: directa ni indirectamente, ni con signos, ni con palabras, ni con escritos, ni de manera alguna. Prometo además, y juro, que no haré uso, en el Cónclave, de ningún tipo de instrumentos transmisores o receptores, y de usar tampoco máquinas destinadas, de cualquier manera, a captar imágenes. Y esto bajo pena de excomunión automática en caso de violación por mí de dicha norma. Mantendré de manera muy consciente y escrupulosa este secreto incluso después de realizada la elección del nuevo pontífice, a no ser que el mismo pontífice me hubiera concedido una facultad especial o una autorización explícita. De igual manera prometo y juro que jamás prestaré apoyo ni favor a interferencia alguna, oposición*

ni forma alguna de intervención con que las autorida-
des civiles de cualquier orden y nivel, o cualquier grupo
humano o personas individuales pretendiesen injerirse
en la elección del romano pontífice. Así me ayude Dios
y estos Santos Evangelios sobre los que apoyo mi
mano».

La constitución *Romano pontifici eligendo* de Pablo VI
prevé tres modos posibles de elección: *1) por aclamación*
(cuando los electores, como inspirados por el Espíritu
Santo, libre y espontáneamente proclaman a uno por
unanimidad y en voz alta); *2) por compromiso* (cuando, en
circunstancias especiales, los cardenales electores confían
a un número determinado de ellos el poder de elegir), y
3) por votación (es la forma más ordinaria y exige para la
elección los dos tercios más uno de los votos). La votación se debe realizar por escrito, en secreto por cada cardenal elector y con una escritura lo más irreconocible
posible. Antes de depositar su voto secreto en la urna, el
cardenal elector está invitado a ponerse de rodillas y
rezar, tras levantarse, manteniendo la papeleta bien visible en la mano, pronunciar en voz alta la siguiente fórmula de juramento:

«Pongo a Cristo Señor, que me ha de juzgar, como
testigo de que doy mi voto a aquel que, según Dios, con-
sidero que debe ser elegido».

Después de tres días de votaciones sin llegar a un
resultado positivo, éstas se interrumpen durante todo un
día para conceder una pausa para la oración, el libre colo-
quio entre los votantes y la exhortación espiritual a cargo
del primer cardenal diácono. Se reanudan luego las votaciones en la forma habitual y, tras siete escrutinios, si no

ha tenido lugar la elección, se establece una nueva pausa. Se procede inmediatamente después a una nueva serie de siete escrutinios, seguida, en el caso de que no se hubiese alcanzado resultado positivo, de una nueva pausa y exhortación, esta vez a cargo del primer cardenal obispo. Si, a pesar de todo, continúan las votaciones sin un resultado cierto, con la unanimidad de todos los electores, es decir, sin ninguna excepción, pueden pronunciarse por criterios distintos: mediante la mayoría absoluta de votos más uno, o entre los dos que en el último escrutinio inmediato anterior hubiesen alcanzado el mayor número de votos.

Después de cada votación se queman las papeletas y el humo sale por una chimenea de la Capilla Sixtina. Si el humo es negro, significa que aún no ha sido elegido el nuevo Papa. El humo blanco es la señal clara e inequívoca de que ya hay nuevo Papa. Inmediatamente uno de los cardenales le pregunta al elegido si acepta el nombramiento, y después de la respuesta, si es afirmativa, el electo escoge el nombre que quiere llevar como Papa y todos los cardenales le presentan su respeto y obediencia. El primer cardenal del orden de los diáconos sale al balcón central de la Basílica de San Pedro y dice en latín *Annuntio vobis gaudium magnum: habemus papam* (les anuncio un gran gozo: tenemos Papa) y proclama el nombre elegido por el nuevo sucesor de Pedro. A continuación sale al balcón el nuevo Papa e imparte su bendición *urbi et orbe* (a Roma y al mundo). Con ese acto comienza a ser la autoridad suprema de la Iglesia y tiene derecho a las insignias propias de un Papa: la sotana blanca, la banda de seda blanca adornada con el escudo papal, el solideo blanco en la cabeza, el anillo del pescador, el pectoral (un crucifijo de oro), la capa roja, las sandalias color vino y la tiara.

ANTIPAPAS

En el contexto de la Iglesia Católica, un antipapa, es aquél que ha reclamado el título de Papa en forma no canónica, generalmente en oposición a un Papa específico o durante algún período en el cual la sede estaba vacante. Antipapa no significa necesariamente señal de doctrina contraria a la fe enseñada por la Iglesia, sino únicamente la pretensión, ya sea usurpada o dudosa, de la legitimidad canónica de su elección e investidura como Sumo Pontífice de la Iglesia Católica.

A través de la historia vemos aparecer una buena cantidad de casos que, en ocasiones, sembraron gran confusión entre los fieles por la aparente corrección y validez de los dos o varios elegidos y se hacía difícil distinguir entre lo verdadero y lo falso, y en otras ocasiones obedecieron a intereses ajenos o personales más fácilmente discernibles.

No hay un criterio unánime en cuanto a la cantidad de antipapas que han existido hasta hoy. El número oscila entre 35 o 38 según diferentes cómputos. Pero lo que sí es cierto es que, a fin de cuentas, también los antipapas han sido protagonistas en la historia de la Iglesia.

Para poder comprender con mayor claridad la razón por la que han surgido, y pueden seguir surgiendo antipapas, se hace necesario repasar algunas de sus causas:

DISCORDANCIA DOCTRINAL

Es este quizás el caso que más rápidamente se relaciona con el antipapado por la base herética que lo sustenta. Por este medio, por ejemplo, fue como nació el antipapado de Hipólito (217-235), elevado a su falsa categoría por

Noeto, iniciador y difusor del Monarquianismo, herejía trinitaria que defendía la monarquía de Dios Padre frente al Hijo y el Espíritu Santo. Finalmente Hipólito se reconcilió con Ponciano (230-235), legitimo Papa y murió martirizado en el año 235. San Hipólito fue el primero de la lista de antipapas y el único que ha sido canonizado.

DEPORTACIÓN DEL PAPA

Es el caso en que el poder temporal (real o popular) se ha enfrentado al papado por motivos de diversa índole, desterrándole y colocando en su lugar a otro de su preferencia. Como ejemplo tenemos al emperador Constantino II, quien despojó al papa Liberio (352-366) de sus derechos e impuso al archidiácono Félix, conocido con el antipapa Félix II (355-365), por su condición de arriano más acorde con el ánimo imperial. Diez años más tarde se permitió a Liberio recuperar su posición y Félix vivió retirado hasta su muerte.

DOBLES ELECCIONES

En el siglo VII se presenta uno de estos casos entre Pascual (687) y Teodoro (687), ambos elegidos por diferentes facciones de la Iglesia de entonces y ambos reacios a renunciar a sus pretensiones. Finalmente se optó por un tercer candidato Sergio I (687-701) que fue el papa legítimo.

NUEVA MANERA DE ELECCIÓN

En el año 1059 el Papa Nicolás II creó nuevas normas en la elección, por las cuales, despojaba a los emperado-

˙res alemanes de la influencia que habían tenido hasta entonces en la decisión sobre los sucesores de San Pedro, y también limitaba en este aspecto a la nobleza romana. El resultado fue la elección del antipapa Honorio II (1061-1072), contra el Papa Alejandro II (1061-1073) canónicamente elegido, quien finalmente fue también reconocido por el emperador.

LA PAPISA JUANA

No podríamos cerrar este capítulo sin hacer un repaso a la historia/leyenda de la papisa Juana, única mujer en la historia que ha alcanzado la categoría de máximo pontífice de la Iglesia católica.

Según biografías medievales Juana habría nacido en el año 822 en alguna localidad polaca, otros dicen que su procedencia era anglosajona. Harta de miserias y penalidades, quiso recorrer el mundo y para no ser atropellada o violada decidió vestirse como un monje y dedicarse a la predicación itinerante. Así recorre Europa ganando fama de hábil predicador. En Roma pronto se da a conocer por su sabiduría y su piedad, que le llevan a una rápida ascensión en la jerarquía eclesiástica, siempre, por supuesto, sin desvelar su auténtico sexo. Siendo ya cardenal, y tras la muerte del Papa León IV (847-855), es designada para sucederle. Juana accede al papado con el nombre de Juan VIII o Benito III, según otras fuentes. La verdad es que no aparece en ninguna de las listas oficiales de papas.

Parece ser que desempeñó su cargo con gran dedicación y moderación, siendo muy poco dada a apariciones públicas, pero se enamoró de un miembro de su séquito y quedó embarazada. En abril del año 858, durante una procesión se desplomó en plena calle, dando a luz a su hijo. Ambos murieron misteriosamente en las horas siguientes.

El asunto fue rápidamente silenciado por la Iglesia y se dice que la papisa y su hijo fueron enterrados a escondidas en un lugar no consagrado, pasando de esta manera al olvido.

¿Existió realmente Juana? ¿Todo es leyenda? No lo sabemos, pero lo cierto es que ha dado pie a varias biografías noveladas e incluso a una película.

Hoy sólo nos queda una antigua costumbre que posiblemente se creara a raíz de estos hechos. A partir del año 1000, se habría practicado una verificación del sexo de cada nuevo Papa, se les invitaba a sentarse sobre un asiento perforado bajo el cual un diácono se encargaba, mediante tocamientos, a comprobar la presencia de los atributos masculinos del candidato. Este rito habría perdurado hasta la elección de León X en el año 1513. La Iglesia niega, hoy día, que esta ceremonia tan poco digna se haya realizado nunca.

CONCLUSIONES

A manera de resumen de lo que hemos expuesto a lo largo de estas páginas y como sencilla reflexión final, quizá lo más grandioso del cristianismo es contemplar cómo un hombre surgido de una minúscula parte del atlas mundial, pero con grandes ideas, propició que a lo largo de veinte siglos, sus continuadores, a veces con aciertos y a veces con desaciertos, hayan conseguido que casi una tercera parte de los habitantes del mundo, alrededor de 1.500 millones de personas, profesen la fe cristiana y muchos millones más estén influenciados en sus modos de comportamiento por esa doctrina.

La trayectoria del cristianismo es realmente impresionante. Desde sus inicios hasta el año 500, constituía una religión independiente dentro del mundo romano y pagano, y después de cruciales transformaciones políticas y sociales, se convirtió en la última religión oficial del Imperio Romano; desde el año 500 al 1500, se expandió por Europa, consiguiendo el monopolio de la educación e inspirando una vasta y compleja tradición en la literatura, la música, la pintura, y principalmente, en la arquitectura. También en esta época, conoció el poder político y mundano, olvidando, en ocasiones, su primordial misión; y desde el año 1500, cuando a través de los turbulentos siglos de la Reforma y la Contrarreforma se llegó a la época moderna, la Iglesia cristiana supo mantener sus distancias con respecto a los valores seculares que iban surgiendo.

En la actualidad, el cristianismo y en especial la Iglesia Católica, ha efectuado un *aggiornamento*, una puesta al día, una actualización y se ha convertido en un gigantesco aparato de códigos legislativos, sistema administrativo y financiero, prensa y representaciones diplomáticas, que expresa, y a veces intenta imponer, su opinión. Todo ello será evaluado teniendo en cuenta hasta qué punto conserve las ideas por las que fue creada.

TERMINOLOGÍA

Abdicación. Renuncia de un beneficio o de una dignidad clerical.

Absolución. Remisión del pecado o de la pena debida al pecado.

Acción de gracias. Gratitud a Dios por sus dones.

Acta de los mártires. Escritos de prueba y muerte de los mártires.

Acta Santae Sedis. Publicación mensual que contiene los principales documentos públicos usados por el Papa.

Adventismo. Doctrina religiosa protestante que cree en el retorno inmediato de Jesucristo a la tierra.

Adviento. Tiempo litúrgico que comprende las cuatro semanas que preceden al día de Navidad.

Ágape. Comida fraternal de carácter religioso entre los primeros Cristianos destinada a estrechar los lazos que los unían.

Agnóstico. Persona que se declara incapaz de comprender la existencia de Dios.

Agnus Dei. Oración que se reza antes de la comunión.

Ágrafa. Dichos y hechos de Jesús que no están contemplados en los Evangelios.

Albigenses. Secta cristiana del siglo XII contrarios a la jerarquía eclesiástica.

Aleluya. Canto religioso que se usa para expresar alegría.

Altar. Mesa en la que se ofrece el Sacrificio Eucarístico.

Amén. Expresión dicha al final de las oraciones que significa «así sea».

Anabaptismo. Doctrina protestante que no admite el bautismo antes del uso de razón.

Anacoreta. Persona que vive en un lugar solitario dedicada a la meditación religiosa.

Anatema (también Excomunión). Exclusión a la que la Iglesia somete a un fiel, apartándolo de su comunidad y del derecho a recibir los Sacramentos.

Anglicanismo. Conjunto de doctrinas de la religión protestante predominantes en Inglaterra.

Anticristo. Ser maligno que vendrá antes de la segunda venida de Cristo para apartar a los cristianos de la fe.

Antiguo Testamento. Conjunto de libros bíblicos que fueron escritos antes de Jesucristo.

Apocalipsis. Libro bíblico que relata los acontecimientos que tendrán lugar en el fin del mundo.

Apostasía. Negación expresa de las verdades de la fe cristiana.

Apóstol. Cada uno de los doce discípulos que Jesucristo eligió para predicar su doctrina.

Arrianismo. Doctrina herética que niega la divinidad de Cristo.

Ascensión. Subida de Cristo a los cielos.

Asceta. Persona que se dedica a la práctica y al ejercicio de la perfección espiritual.

Ateísmo. Doctrina que niega la existencia de Dios.

Bautismo. Primero de los Sacramentos que convierte en cristiano a quien lo recibe.

Beatificar. Declarar oficialmente la Iglesia a una persona como modelo de vida cristiana y digna de recibir culto.

Biblia. Conjunto de libros que conforman la ley del cristianismo.

Calvario. Lugar de crucifixión de Jesucristo.

Cátaros. Secta herética que defendía una vida ascética.

Catecismo. Libro de enseñanza elemental de la doctrina cristiana.

Catecúmeno. Persona que se instruye en la fe cristiana para recibir el bautismo.

Catolicismo. Religión cristiana que reconoce como autoridad suprema al Papa de la Iglesia romana.

Cenobita. Persona que vive en comunidad con otros de su orden religiosa.

Cielo. Lugar en el que se goza de la presencia de Dios.

Cisma. Separación o ruptura en el seno de la religión.

Comunión. Recepción del Sacramento de la Eucaristía.

Concilio. Asamblea de obispos y otros eclesiásticos para tratar y decidir sobre materias de fe y costumbres.

Confirmación. Sacramento por el cual confirma su fe el que ya ha sido bautizado.

Consustanciación. Presencia de Cristo en la Eucaristía, sin que el pan y el vino cambien su forma y sus sustancia.

Cordero. Símbolo primitivo cristiano que representaba al Buen Pastor llevando sobre sus hombros un cordero.

Creatura (también criatura). Término que indica a todo ser distinto de Dios que ha tenido su origen de Él en el tiempo.

Credo. Oración que contiene los principales artículos de la fe enseñada por los apóstoles.

Cristianismo. Religión que se fundamenta en la manifestación de Dios a través de Jesucristo.

Cristología. Parte de la teología que trata de Jesucristo.

Cuáqueros. Religiosos protestantes afincados en EEUU que rechaza la violencia y exalta la caridad cristiana.

Curia romana. Conjunto de congregaciones, tribunales y oficios, por medio de los cuales el Papa gobierna la Iglesia Universal.

Decálogo. Colección de diez preceptos escritos en dos tablas de piedra dadas por Dios a Moisés en el monte Sinaí.

Deo gratias. Antigua fórmula litúrgica para dar gracias a Dios por los dones recibidos.

Deposición. Castigo por el cual un clérigo es privado de su ministerio o beneficio y del derecho de ejercer sus funciones.

Derecho canónico. Conjunto de leyes y normas eclesiásticas.

Derecho divino. Conjunto de leyes y normas que dependen exclusivamente de la voluntad de Dios.

Didaje. Antiguo texto de enseñanza cristiana que es considerado como el primer catecismo.

Diezmo. Parte de la cosecha (una décima parte) que pagaban los fieles a la Iglesia.

Disciplina del secreto. Costumbre primitiva cristiana por la cual los misterios de la religión se ocultaban a los paganos.

Doctores de la Iglesia. Escritores eclesiásticos cuya obra ha aportado grandes ventajas a la doctrina cristiana.

Dogma. Afirmación que se considera verdadera, que no puede ser negada ni puesta en duda, y forma el conjunto de las bases principales de la religión católica.

Eclesiología. Parte de la teología dogmática que estudia la realidad de la Iglesia.

Ecumenismo. Actitudes e iniciativas para fomentar la unidad de los cristianos.

Escatología. Parte de la teología que trata del fin de la vida y la suerte del hombre en el más allá.

Escolástica. Corriente filosófica medieval que intenta sintetizar la doctrina cristiana con la filosofía griega.

Eucaristía. Sacramento en el que, a través de las palabras que el sacerdote pronuncia en la consagración, el pan y el vino se convierten en el cuerpo y la sangre de Cristo.

Evangelios. Historia de la vida, doctrina y milagros de Jesucristo, contenida en los cuatro libros incluidos en el Nuevo Testamento.

Ex cátedra. Expresión que designa los actos solemnes propios del magisterio del Papa.

Fariseos. Secta judía caracterizada por su austeridad en el cumplimiento de la ley.

Fe. Virtud teologal que consiste en la adhesión a Jesucristo y a su mensaje.

Fides Quae. Término cristiano medieval en que se designan los elementos del acto de fe.

Filioque. Término que designa que el Espíritu Santo desciende del Padre y del Hijo.

Génesis. Primer libro del Antiguo Testamento y que habla del comienzo.

Grial. Vaso o copa que, según los libros de caballerías medievales, sirvió a Jesucristo durante la Última Cena para instituir el Sacramento de la Eucaristía.

Herejía. Doctrina u opinión que, en materia de fe, se aparta de los dogmas de la Iglesia católica.

Hipóstasis. Cada una de las tres personas de la Santísima Trinidad.

Icono. Imagen religiosa.

Iconoclasia. Doctrina que rechaza el culto a las imágenes.

Iglesia. Comunidad formada por todos los cristianos que viven la fe de Jesucristo.

Indulgencia. Perdón que concede la autoridad eclesiástica de las penas correspondientes a los pecados cometidos.

Infierno. Lugar en el que, según la tradición cristiana, penan los que han muerto en pecado mortal.

Jehovah. Nombre propio de Dios en el Antiguo Testamento.

Jesucristo. Nombre del Redentor, hijo de Dios, hecho hombre.

Judeocristianismo. Término polivalente referido a la cultura y a la moral que deriva de la tradición judía y cristiana.

Juicio final. Juicio que realizará Dios en el fin de los tiempos para juzgar a los vivos y a los muertos.

Kyrie Eleison. Expresión antigua pre-cristiana utilizada en todas las liturgias cristianas que significa «Señor, ten piedad».

Laico. Cristiano que no forma parte de la jerarquía eclesiástica.

Limbo. Lugar donde van las almas de los que, antes del uso de razón, mueren sin ser bautizados.

Liturgia. Orden y forma interna de los oficios y ritos con que la religión cristiana rinde culto a Dios.

Luteranismo. Doctrina religiosa protestante basada en las teorías de Lutero.

Martirologio. Catálogo de los mártires cristianos.

Metodismo. Doctrina religiosa protestante que se caracteriza por la rigidez de sus principios y la defensa de la oración personal frente a formas de culto público.

Misa. Ceremonia en que se celebra la Eucaristía.

Mormonismo. Doctrina religiosa protestante basada en las enseñanzas bíblicas.

Nestorianismo. Herejía que negaba que la Virgen fuera madre de Dios.

Nuevo Testamento. Conjunto de libros que conforman la Biblia escritos después de la venida de Jesucristo.

Oratorio. Lugar destinado para la oración.

Paganismo. Todas las religiones que no son la verdadera, revelada por Dios.

Patriarca. En el Antiguo Testamento, personaje que fue jefe o cabeza de una numerosa descendencia.

Patrística. Término teológico que tiene por objeto el estudio de los textos cristianos de los primeros siglos.

Pope. Sacerdote en la Iglesia cristiana ortodoxa.

Presbiterianismo. Doctrina religiosa protestante que confiere el gobierno de la Iglesia a una asamblea formada por clérigos y laicos.

Primacía. Jurisdicción episcopal suprema del Papa como pastor y gobernador de la Iglesia Universal.

Protestantismo. Conjunto de comunidades religiosas cristianas surgidas de la Reforma de Lutero.

Protomártir. Primer mártir (en referencia a San Esteban).

Purgatorio. Lugar o estado de purificación en el que los que han muerto en gracia, pero sin haber hecho en vida penitencia completa por sus culpas, sufren las penas que deben por sus pecados para poder ganar la gloria eterna.

Redención. Expresa la intervención liberadora de Dios a la humanidad mediante el nacimiento, vida, muerte y resurrección de Jesucristo.

Religión. Conjunto de creencias y de prácticas relacionadas con lo que se considera sagrado.

Revelación. Manifestación que hace Dios de sí mismo.

Rito. Conjunto de reglas establecidas para el culto y las ceremonias religiosas.

Sacramento. Signo visible instituido por Jesucristo para transmitir un efecto interior que Dios obra en las almas de las personas.

Salvación. Liberación del pecado y alcance de la gloria eterna.

Simonía. Compra o venta deliberada de cargos eclesiásticos, prebendas y beneficios espirituales.

Teocracia. Concepción del Estado según la cual el poder temporal depende del poder espiritual.

Teología. Ciencia que habla de Dios y de sus atributos y perfecciones.

Tomismo. Sistema filosófico creado por Tomás de Aquino que intenta conciliar la filosofía aristotélica con la teología cristiana.

Unam Sanctam. Bula acerca de la supremacía papal.

Uniata. Iglesia cristiana católica oriental que reconoce la autoridad del Papa, pero mantiene algunas de sus tradiciones, especialmente en la liturgia.

Urbi et orbe. Bendición papal que se dirige a la ciudad de Roma y al resto del mundo.

Valdenses. Secta cristiana del siglo XII según la cual la persona se asegura la salvación por sus propias obras y por tanto los Sacramentos se consideran superfluos.

Viacrucis. Expresión latina con la que se recuerdan los pasos que dio Jesucristo camino del Calvario.

Viático. Sacramento de la Eucaristía que se administra a los enfermos que están en peligro de muerte.

Vulgata. Versión latina de la Biblia.